2050年 衝撃の未来予想

The future expectation in 2050

苫米地 英人
Hideto Tomabechi

TAC出版
TAC PUBLISHING Group

はじめに

産業・技術の急速な進歩、グローバル化、テロリズム……混迷を極める現代にあって、未来を予想する意義とはなんなのでしょう。

いち早く他人を出し抜き、自分だけが得をしたい？

とにかく不安だから、誰かに未来図を描いて欲しい？

おそらく、そうしたニーズにとっての未来とは「1年後の株価」であったり「5年後の職業事情」といったものでしょう。ですが、そうした予想はまったく意味がないと、まず断言しておきます。なぜなら、それらは未来ではなく、すでに誰かが絵を描いた現実だからです。

例えば、多くの未来予想図で取り上げられる「自動運転」について考えてみます。「10年後には、ほとんどの車が自動運転になっている！」と書かれていれば、皆さんは「ということは、今は技術を開発中なんだな。進捗状況はどうなんだろう？」といった感想を持たれるでしょう。

しかし実際は、自動運転技術の開発自体はすでに1980年代に完了しており、開発者にとっては未来の話ではなく過去の話なのです。

自動運転車の第1号を開発したのは、アメリカのカーネギーメロン大学のロボット研究所です。当時、私も在籍していたカーネギーメロン大学は、敷地内にアメリカ軍の施設もあり、軍と共同で自動運転車を開発していました。なんと開発者の教授は、自分の娘を路上に立たせてブレーキ実験を行い、軍幹部の目の前で自動運転技術を立証したのです。

つまり、世界を動かしている科学者、軍人、政治家、資本家にとっては、自動運転が一般化した未来は、すでに1980年代から現実となっていました。一方、その当時の大多数の人々にとって、自動運転などSFの世界の出来事でしかありません。

それから約30年が経ち、世間ではようやく「自動運転こそ未来の社会」だと騒がれ始めています。しかし、そんなものは未来でもなんでもなく、あらゆる自動運転技術関連の特許が切れ、自動車メーカーが実用化に向けたコスト削減競争を行っているだけです。すでに技術開発の完了を知っていた世界の一部の人間にとっては、予定調和に過ぎません。

また、2017年1月9日の産経新聞には、「日本語認識AI「国産」官民挙げ」という国立研究開発法人「情報通信研究機構」（NICT）が開発した日本語処理エンジンの話が出ていますが、これなどはまさに1980年代からの政府プロジェクトATR（国際電気通信基礎技術研究所）がカーネギーメロンなどと30年かけて開発してきた技術に端を発しています。

言い換えれば、仮に1年後の株価を知って儲けたとしても、それは株式市場を支配する資本家が描いた絵に乗って、彼らの手のひらの上で儲けさせてもらっただけです。そして、同じような未来予想に乗せられて二匹目のドジョウを狙った投資家は、あっという間に食い物にされるでしょう。

同様に、5年後に生き残る職業を知ってスキルを磨いたとしても、その職業自体が人々を奴隷的労働に従事させるために生み出された職業である可能性もあります。

つまり、**未来を知って、よりよい未来に変えたいと思うのならば、すでに一部の人たちが描いた現実である5年後10年後の予想など意味がありません。そうではなく、少なくとも今まさに開発中の技術の特許が切れる20年先、さらに、その技術が一般化し、社会に本質的な変化をもたらす30年先、40年先を予想しなければ意味がないのです。**

「歴史は繰り返す」の嘘

では、どうやって30年、40年も先の未来を予想すればいいのでしょう?

よく未来予想において「歴史は繰り返す」という文言をしたり顔でいう人がいます。こういった人たちは、過去の事象を未来にあてはめようとします。しかし、これは本質的に未来を見誤る重大な誤謬《ごびゅう》です。

歴史は繰り返すのではありません。正確にいえば、歴史を生み出してきた社会や人間の行動理念が変わらないため、歴史が繰り返したように見えるのです。

例えば、クリミア半島をめぐるアメリカとロシアの対立がそうです。アメリカはCIAによる諜報戦を仕掛け、ロシアは住民投票で対抗する。領土をめぐる情報戦であり、そのまま孫子の世界です。しかし、これをもって「ロシア情勢は古代中国の春秋戦国時代の再来だ」などという人はいないでしょう。孫子が指摘した人間の行動理念や考え方が変わっていないため、同様の現象が起こってしまったのです。ですから、歴史を現象面から捉えても意味はありません。歴史を動かした人間の思考やエゴにこそ思いを馳せるべきです。

つまり、30年後40年後を予想する場合、もっとも重要なのはやはり人間です。もっといえば、人間が織りなす社会の構造であり、そこから発せられるニーズやエゴです。そのニーズやエゴが政治や経済を動かす原動力となります。

そして、私が未来予想をする一番の目的もそこにあります。私は科学者であり、特許を持つ技術もありますから、例えば「2050年の日経新聞に載っている記事」を、ある程度現実のものとして把握できます。しかし、単にそれを提示するだけでは意味がありません。私は2050年の未来を予想することで、皆さんの〝心〟を変えたいのです。

歴史は地震のように「周期的にエネルギーが溜まって戦争が起こる」といったものではありません。人々の行動理念や考え方が変われば、未来は変化していくものです。5年後10年後の未来であれば、「私たちが持っている特許のうち、これが切れるよ」と指摘すればすむ話ですが、それでは皆さんの心を変えることはできません。

現在、人々が常識として疑わない考え方、ものの見方の多くは、残念ながら世界の支配者たちによって刷り込まれた抑圧された思考です。もし、このまま変わることがなければ、それこそ悲惨な歴史が繰り返すことになるでしょう。

しかし、**30年40年先の未来は、世界の権力者たちすら把握しきれていない未来。そこに**

向かってマインドを変化させていくことこそが、権力者たちさえも縛るバイオパワー（人間を抑圧する生権力）の呪縛から脱し、人間らしく生きるための唯一の方法です。

ですから、本書では2050年の未来図を提示するだけでなく、私たちが行うべき〝頭の中の革命〟について、そして未来を生き抜くタフな思考と行動力の身につけ方についても紹介しています。

本書が、皆さんにとって本物の自由と尊厳ある人生を歩むことができる、その一助となることを願って。

苫米地英人

CONTENTS

2050年 衝撃の未来予想

第2章

2050年の社会
超格差社会とバーチャル国家が誕生する未来……041

第3章

世界の支配者とは一体誰なのか？

第4章 2050年の勢力図

第5章 2050年の戦争の形

第6章

2050年の生き方術 頭の中に革命を起こせ……177

第7章

2050年の日本 生き残るには生産性を上げるしかない……199

巻末提言

トランプ後の世界の行方
アメリカ新大統領誕生で激変する国際情勢

第1章

2050年の大局観

来るべき時代の姿

The future
expectation in 2050
Chapter 1

90歳で若造の時代

冒頭で未来予測の意義について「5年後、10年後の予測は意味がない」といいました。だからこそ本書は『２０５０年衝撃の未来予想』と題したわけですが、こうなると逆に「そんな未来のことをいわれても実感が沸かないし、そもそも生きていないかもしれない。それではもっと意味がないのではないか？」と考える人もいるかもしれません。

たしかに、現在30代の人でさえ、２０５０年には60代、70代。仕事もそろそろ定年退職という時に、社会が激変していたとしても、そこまで切実な話ではありません。

しかし、それでも私が２０５０年の未来予測に十分意味があると考えるのには、確固たる理由があります。それは、**２０５０年には「60代、70代は働き盛り」「90代でも若造」の時代になっているからです。**

ここでまず近現代の日本人の平均寿命の推移を確認しておきましょう。

今から約90年前の１９２５年の時点で男性の平均寿命は42歳。それが35年後の１９６０

年には65歳を超えています。さらに約50年後の2014年には80歳。実に1世紀も経たないうちに平均寿命が約2倍にまで延びているのです。つまり、このままいけば、2050年の時点で平均寿命が110歳、120歳という時代になっていてもおかしくありません。

「しかし、現在最大の死因である『癌』がある以上、平均寿命は上限に達しているのではないか？」

なかには、そう考える人もいるでしょう。しかし、人類の歴史上、〝不治の病〟というものは存在し得ません。どんなに致命的な病も、医学の進歩によって克服してきました。

その代表例が、世界初の抗生物質であるペニシリンです。第二次世界大戦の終戦直後、日本ではペニシリンは一般に普及しておらず、進駐軍経由でしか手に入らなかったといいます。当時、感染症に冒された人は、ペニシリンを打ってもらい、それでなんとか生き延びることができました。戦争が終結した影響も大きいと思いますが、このペニシリンの発見により平均寿命が延びたのです。

そして現代は、ペニシリンが発見、実用化された当時よりも加速度的に医学が進歩している時代ですから、あと30年もすれば、癌をはじめ、数々の難病が克服されていることは想像に難くありません。

さらにいえば、四肢や臓器などはチタンや有機物などの代替物によって半永久的に可動させる技術が確立されていてもおかしくありません。

ただ問題は脳で、私は脳機能の研究を専門としていますが、脳の寿命は大体200年ほどと推測されています。今でこそ、アルツハイマーのような外的要因によって病気になってしまうことはありますが、そうした要因が克服されれば、200年は活動を続けることができます。

それでも経年劣化は免れないわけですが、あと100年もすれば脳の神経を少しずつ人工神経で代替するような技術が開発されることでしょう。そうなれば、事実上の寿命というものはなくなります。

つまり、医学が進歩している以上、私たちは生き続ける限り、寿命は延びていくのです。極端な話、あと10年長生きすれば、30年寿命が延びるかもしれません。

ですから、2050年の未来では、今30代、40代の人たちも、「定年退職して余生を過ごす日々」などといっていられなくなります。寿命が120歳ならば、60代、70代は働き盛り。平均寿命が80歳代の今でも、経済界で60歳、70歳は若造といわれますから、エスタブリッシュメント層においては「90代はまだまだ若造」ということになるでしょう。

■日本人の平均寿命の推移

1925年
1921年～1925年
男性：42.06歳　女性：43.20歳

35年
男性：約1.55倍
女性：約1.62倍

1960年
1960年
男性：65.32歳　女性：70.19歳

54年
男性：約1.23倍
女性：約1.23倍

2014年
2014年
男性：80.21歳　女性：86.61歳

※男性が初めて80歳を超えた。

出典：厚生労働省「完全生命表における平均余命の年次推移」より作成

なんと、89年間で男女ともに平均寿命は約2倍に!!

ここで、90代で若造の時代の働き方に触れておきましょう。2050年に活躍する上で必要なこととは、高齢者とのコミュニケーション力を磨くことです。

平均寿命が80歳の現在でも、巷には面白い高齢者の方がたくさんいます。大手企業で会長、社長を、各省庁で事務次官を歴任、自営によって成功を収めた方、その道で認められ権威となった人など、仕事上で学ぶべきものを持った方は普通に存在します。

平均寿命が120歳になった2050年は、そうした人々の寿命も非常に延びています。つまり、今以上に社会に大きな影響力を与える存在になるわけです。

そうなったときに、彼らと円滑に意思疎通できるかが、チャンスを掴めるかに直結します。では、コミュニケーションを円滑にするために必要なこととは何か?

それは「社会性の高さの有無」です。2050年の高齢者たちは、物理的な寿命はもちろん、人工知能など、テクノロジーの進歩によって、今よりも多くの煩悩を満たしてきています。その時代に長年社会で活躍してきた高齢者にとっては、利己的な欲望を越えて、他人、ひいては社会に役立つかどうかが関心事で行動原理になっています。

彼らの心の奥にある考えを汲み取り、共に手を携え、新たな発明や発見をしていく。これが次世代の働き方の指針となるのです。

超高齢社会の到来

２０５０年の平均寿命が１２０歳だと仮定すると、ここでひとつの問題が生じてきます。そう「年金」の問題です。現在ですら、全人口の約30％の４０００万人が年金受給者の高齢社会です。年金支給開始を多少引き上げたところで、その割合は上昇を続け、国民の半数以上が年金受給者となるのも遠い未来ではありません。生産人口と非生産人口の比率が逆転してしまえば、日銀がいくらお金を刷ろうが焼け石に水。これまで国民が積み上げてきた約１７００兆円の金融資産は瞬く間に雲散霧消し、とてもじゃないが年金など支給している場合ではなくなります。

では、どうすればいいか？　その布石は、実はすでに打たれています。それが「一億総活躍社会」です。「総活躍」とは聞こえがいいですが、実際は「男も女も老人も、一日でも長くしっかり働きなさいよ」ということです。

２０１３年4月から施行されている「改正高年齢者雇用安定法（定年延長義務化法案）」により、日本では２０２５年には65歳までの雇用が義務化されます。それに先立って、すでに65歳定年制をとっている企業も全体の15％を超えて増加の一途です。

かつて1970年代は55歳、1980年代は60歳が主流であった定年は、このように平均寿命が延びると同時に引き上げられてきました。仮に平均寿命の10歳手前を定年と設定すると、2050年の定年は110歳。つまり、100歳を超えてもまだ年金を支払う側だったりします。これはもう「総活躍」という名の「奴隷社会」というほかありません。

もちろん政府は「国家を維持するために致し方ない」とメディアを中心にあらゆる手段を使って自己正当化を行うでしょう。

しかし、実際は「国家を維持するため」というより「一部の権力者、資本家を守るため」に過ぎません。

かつて「富国強兵」が謳われた明治時代、豊かな暮らしを得たのは一般国民ではなく、政治・経済の中枢にいた一握りの人々でした。彼らは国民を騙《だま》し、都合よく扇動するために「富国強兵」というもっともらしいスローガンを生み出したのです。「一億総活躍」もまったく同様の構造です。

これから本書でお話しすることですが、**21世紀の未来は資本主義が膨張し、民主主義を飲み込んでいく時代です。世界はごく一部の巨大な資本家に支配され、その傀儡である政**

治家は国民を彼らにとって都合のよい奴隷に仕立てあげようとします。資本家は最新の医療でもって200歳まで長生きし、大多数の一般人は100歳を超えても働き続ける。

こうした社会の中で、私たちが奴隷化せずに生きる方法とは何か？

それは次章以降、2050年の未来を皆さんにお話しした後で、本書の最後に提示することとして、まずは超高齢化によって私たちの身の回りがどのように変容していくのか、具体的に考察していきましょう。

高齢者中心の未来の形

「超高齢社会＝寿命が120年の社会」になると、何が起こるかというと、人口構造的に高齢者が圧倒的に増えるわけですから、高齢者のニーズが尊重されるということです。それでは、高齢者のニーズとは何か？　これは相反する2つの方向性が考えられます。

ひとつは、「懐古趣味」ということ。障子や畳、アナログレコードなどノスタルジックな文化が嗜好品として珍重されるようになるでしょう。リニアモーターカーで日本全国を1時間以内で旅行できるのに、わざわざ高いお金を払って寝台列車で旅行することがブームになっていたりする。現在ですら「トワイライトエキスプレス」が復活したり、九州の寝台列車「ななつ星」が大人気ですから、ますます高齢化が進む2050年には昭和的な生活スタイルが、逆に富裕層の最先端になっていることでしょう。

私はオーディオ機器が好きで、1970年代の真空管を好んで使っていますが、それは今では1本5万円以上する高級嗜好品となっています。そう考えると、例えば一個150円の白熱電球が、2050年には一個数万円で販売されている可能性が高い。逆に、今では数百~数千円するLEDが数十円になっており、いわば「付加価値」の逆転現象が起きるわけです。今から白熱電球のコレクションを始めれば、2050年にはひと財産築くことができるかもしれません。

こうした懐古趣味の一方で、科学の力によって生活の利便性を向上させるニーズもあります。「便利さ」を求めるのは、若者よりむしろ体力が衰えた高齢者です。例えば、部屋の照明のスイッチひとつ動かすのもしんどくなる。このように日常生活で能動的に動くことが難しくなった高齢者を支えるのが「人工知能」です。

これは、賢いユダヤ人研究者たちが安息日に働かなくていいように初期の人工知能研究を進める中心となったといわれていることに似ています。

私は1980年代にアメリカのイェール大学とカーネギーメロン大学で人工知能の開発に携わっていました。イェール大学では「人工知能の父」と呼ばれるロジャー・シャンクに師事し、同大学の認知科学研究所、人工知能研究所を経て、コンピューター科学の最高峰とされるカーネギーメロン大学に移り、計算言語学分野では全米で4人目となる博士号を得ました。

よくSFの世界では、論理的な考えに徹する人工知能が人間を支配する世界が描かれますが、私たちが開発していた人工知能とはそのようなものではありません。論理だけではなく、人間の情動や感覚、非合理性などさまざまな要素を理解し、高度な判断をくだせる知能、いわば「空気の読める人工知能」とでもいいますか。決して人間の上に立つものではなく、情動や感情を有した〝人間のパートナー〟となりえる存在です。

使用者が「ちょっと暗くなったんじゃないか?」といえば、「では、明かりをつけましょうか?」と答える。そして、使用者の好みを把握して、次の機会には「暗くなってきたので、そろそろ明かりをつけましょうか?」と提案してくれる。

人間と人工知能が学習しあいながら共存していくのが人工知能社会であり、人工知能にとってのゴールは「人間の役に立つこと」、ただそれだけです。

少し話がそれましたが、このように人工知能の命題が「人間の役に立つこと」である以上、2050年には人工知能は日常生活に欠かせない〝三種の神器〟のひとつになっているはずです。

2050年の〝三種の神器〟

2050年の暮らしの〝三種の神器〟のひとつである「人工知能」ですが、一人一台とは限りません。生活をサポートする執事役に一台、家事を中心に行うメイド役に一台、家族の一員としてコミュニケーション役に一台と、「一人三台」の時代が到来しているかもしれません。それくらい必需品になっていることは間違いありません。ハリウッド女優のDNAでクローンした人工知能の誕生も絵空事ではないでしょう。

そして、その人工知能をより有効に利用するために、脳から直接操作するためのインターフェース。これは脳に電極チップを埋め込むことによって可能となりますが、この操作技術も〝三種の神器〟となりえます。

この技術が実装されれば、人工知能を脳から直接操作するだけでなく、外部の人工知能から知識を引き出すこともできるようになり、例えばグーグルの知識を脳に取り込んで自分の記憶に繋げることも可能となります。

さらに、遺伝子操作の技術も革新を遂げているでしょうから、自分の遺伝子を操作して外見や健康、さらにはＩＱまで作り変えることができるようになる。これが〝三種の神器〟の最後のひとつとなるでしょう。

つまり、**２０５０年の〝三種の神器〟とは、「人工知能」「人工知能を脳で直接操作するインターフェース」「遺伝子操作」の３つです。**

ただし、かつての三種の神器が、当時の庶民には高嶺の花だったのと同様に、誰もが手にできるものではありません。

金持ちの高齢者はスーパー人工知能に囲まれて快適な暮らしを満喫し、遺伝子操作や最先端の医療によって若々しいまま２００歳まで長生きをする。一部の資産家の子どもは遺伝子操作によって優秀な頭脳を手に入れる。一方で、大多数の一般人は生身のまま生きていかなくてはなりません。

当然、格差は広がりますが、今でも東大生の親の多くは年収が約１０００万円を超えているといわれています。現時点で資産による教育格差、キャリア格差が厳然として存在している以上、資本主義がさらに極まるであろう２０５０年に格差が拡大していると考えるのは、残念ながら当然というほかありません。

「高層＝高齢富裕層」対「地下＝若年貧困層」という図式

このように**格差が拡大した社会では、居住地域による階級分化がより明確になると考えられます**。というのも、超高齢社会においては、寿命が延びるので人口減少が緩やかになり、さらにグローバル経済化によって途上国からの移民も流入するため、都市部の土地不足が予測されるからです。また、高齢化によって〝物〟が溢れることも土地不足に拍車をかけるでしょう。

例えば、私はギター、レコード、パイプ、クロムハーツと様々なコレクション癖がありますが、私が２００歳ぐらいまで生きたと仮定した場合、あと約１５０年間コレクションを続けるわけです。

レコードだけでも、１万枚は序の口で、10万枚クラスのコレクターも珍しくなくなる。そうなると単純に空間が足りなくなるわけですから、平面上の土地が限られている以上、三次元、つまり建築物の「高層化」で補うのがもっとも効率的です。

実際現時点でも私は、300本以上あるギターの空ケースを置く場所だけのために東京六本木にマンションを借りています。

現在、世界一の高層ビルであるドバイの「ブルジュ・ハリファア」が206階建てですが、2050年の東京には200階、300階建てのビルが林立していることでしょう。すでに、私がかつていた三菱地所のプロジェクトでは、2027年に日本記録を更新する390mの超高層ビルが東京駅近くに完成する予定です。

さらに2050年ともなれば、100階建てのマンションは当たり前で、200階、300階建てのマンションは富裕層向けの特別居住区のような位置づけになっているはずです。

また、三次元で空間を拡張する場合、「地下」という方法も考えられます。

ただ、やはり災害におけるリスクや住環境としての不適切さから、地下は資産を持たない貧困層の居住区となることでしょう。そして、超高齢社会にあっては「貧困層≒若年層」でもあります。

考えてもみてください。現在、大学卒の会社員の生涯賃金が約2億5000万円といわれています。これは22歳から65歳までの40年間余りの累積ですから、超高齢社会において

105歳まで働いた場合、単純に働く期間が倍になると考えれば、5億円の資産があるわけです。順調に地位を築いたり、投資に成功していれば、10億円、20億円の資産があっても不思議ではありません。

それに比べて、社会に出たばかりの若年層は年収300万円や400万円。つまり、超高齢社会によって健康寿命が延びれば、年齢による格差が拡大するのは当然の帰結なのです。極端な話、100歳以下は「地下」、100歳以上は「地上」という制限がされているかもしれません。

こうした未来を予測した場合、「日本の建築基準法では不可能だ」と指摘する向きもあるでしょう。もちろん法律は改正しなくてはなりません。

ですが、政治とは社会のニーズのあとについてくるものでしかないことを肝に銘ずるべきです。

2050年とは、選挙民のうち80~200歳までの人口が圧倒的多数となっている超高齢社会。政治家が多少若返りを図ったところで、社会のニーズに従うほかないのです。

未来を予測する場合、もっとも根幹に置くべきは、その社会構造です。社会構造が分かれば、ニーズが分かります。ニーズが分かれば、政治と経済も見えてくる。これが本書を貫く視点であり、今後未来を生きていく上で、読者の皆さんも常に心掛けておいて欲しい最重要ポイントです。

職場すら〝電子化〟される

超高齢化、格差の拡大と、何かと暗い話ばかりが続いてしまいましたが、ここで科学の発展による未来像も指摘しておきましょう。

もっともインパクトのある変化は、やはり〝電子化〟です。今からほんの30年前まではインターネットもなく、その基となるアルパネットが一部のエンジニアの間で使われていただけでした。その後、1990年代に入り、ようやくインターネットの普及が始まりますが、当初は電子メールをビジネスで使うことは失礼千万といわれていました。書類や決算の電子化も、当時では考えられませんでした。

しかし、そこから10年足らずで急速な変化を遂げ、今では電子メールなしにビジネスは成立しません。

この経緯を踏まえて、では、2050年のビジネスはどのような形になっているのか？

今、決まったオフィスを持たない「ノマドワーカー」が一定数出現していますが、やはり一般的には少数派で、オフィスで働くのが常識だと思われています。この常識をいとも簡単に覆すのがコンピューターの進化です。

つまり、**２０５０年にはオフィス自体が存在しておらず、すべてバーチャルゾーンで繋がっており、「出勤」という概念すら消滅しているはずです。**

取引も会議もすべてバーチャルゾーンで行われ、いわばオフィスが電子化された未来。さらにいえば、オフィスだけでなく建物自体も電子化されている可能性があります。

「建物の電子化」というとピンとこない人もいるかと思いますが、実はそれに近いことがすでに実現しようとしています。それが、西武鉄道が２０１８年度に導入する新型特急車両です。

この車両は、建築界のノーベル賞といわれる「プリツカー賞」を受賞した妹島和世《せじまかずよ》さんのデザインで、まるで光学迷彩を施したように車両自体に風景を映し込み、同化してしまうのです。

このように光学迷彩が実用化されていけば、ゆくゆくは建物の「外観」という概念自体がなくなることになります。２０５０年には有機ＥＬ、もしくはその次世代の技術は確実にシート化しており、建物の外壁はそのままディスプレイになっていることでしょう。解像度でいえば、すでにアップル製品に搭載されている「Retinaディスプレイ」は、その名が「網膜」という意味である通り、人間の目に近い性能を出すことが可能です。

ということは、建物すべてを光学迷彩で覆い、消えることもできるし、ボタンひとつで思い通りの景色を映すことができる。例えば、東京タワーにしたり、エンパイアステートビルにしたり、はたまた空を映し出して景色に溶け込むことだってできます。

建物の「内観」にしても同じことです。壁はすべてディスプレイ化しており、気分にあった景色を映すことができます。窓からの景色も、ボタンひとつでニューヨークにすることもできれば、パリにすることもできます。それもスマホの待ち受け画面のように、あらかじめ作られた画像ではなく、リアルタイムの現地の景色を映すことができるのです。

これには「リアルタイムレンダリング」でデジタルデータをプログラムによってリアルタイムに画像化する技術が必要となりますが、すでにその技術は開発が進んでいます。しかも、2050年のコンピューターの処理能力は、現在よりはるかに向上しているはずなので、間違いなく実現可能です。

こうなると日常生活上は、「地上」にいても「地下」にいても大差ないことになります。

「若年貧困層は地下に潜る」といいましたが、決して狭くて窮屈で暗い空間に押し込められるわけではありません。その頃には、壁や天井に映し出される映像も3D化が進んでいますから、地上と遜色ない生活を送ることができます。

そして、ボタンひとつでリアルタイムレンダリングによって別の場所を映し出すことが可能なので、「出社＝ボタンを押す」という時代になっている。リニアモーターカーの進化によって、その頃は東京―大阪間が20分程度に短縮されていると思いますが、そもそも電車で移動する必要がなくなっているのです。

一方、高齢富裕層はといえば、もっとすごいことになっています。

100歳を超えたあたりからは、コンピューターを内蔵した義眼になっていますから、壁に映し出す映像を切り替えるまでもなく、椅子に座ったまま世界のどこへでも視点を移動させることができます。もっといえば、手や鼻もサイボーグ化することで、嗅覚や触覚など五感をもバーチャルで再現できるようになっている可能性が高い。つまり、お金さえあれば、人間のあらゆる煩悩をバーチャル空間で満たすことができるのです。

しかし、そうした社会になれば、相対的に〝アナログ〟の価値が上昇するのも事実。ですから、先述したようにリニアモーターカーよりもはるかに遅い寝台列車や古臭い白熱電球が、〝アナログかつリアリティーのあるもの〟として付加価値を高めるのです。

これはコミュニケーションに関してもいえることで、自動翻訳がリアルタイムかつ正確になっているため、2050年には「母国語」という概念は必要ないはずですが、それでも「母国語」にこだわる層は必ず存在します。「人工知能が小説を書きました」といっても「それは小説ではない」と否定する人間がいることは容易に想像がつきますし、かといってできあがった小説は完全に小説の体をなしている。では、何が違うかというと、これは「人間にしかわからないニュアンスや独特の表現」という曖昧なものになるわけです。

とてもアナログであるとは思いますが、こうしたアナログさにこだわる人間が存在する以上、今と変わらず国際標準語としての英語能力が問われることはたしかでしょう。

そして、ここでなぜ言語の話題を出したかというと、「言語＝文化」は2050年の未来における支配構造に直結するファクターでもあるからです。

外資が支配する経済

たびたびニュースになるトピックに、「韓国経済は外資に支配されている」というものがありますが、日本もすでに〝外資天国〟といっていい状況にあります。

その代表例が、日本が誇るメガバンクの「三菱東京ＵＦＪ銀行（以下、ＭＵＦＪ）」です。株式に興味がある人以外は、ＭＵＦＪの親会社である三菱ＵＦＪフィナンシャル・グループの株主構成が、現在どのような状況にあるのかご存じないと思いますので、次ページに有価証券報告書の一部を掲載しておきました。

これを見れば一目瞭然で、外資系ファンドや外資系投資銀行が全体の約20％を保有しています。さらに、大株主となると世界最大の資産運用会社である「ブラックロック」が浮上してきます。保有株式を分散させているので大株主リストには挙がっていませんが、いわゆる〝ブラックロック系〟の株主を合計すると5％です。国内企業で最大の株主である日本生命ですら1％あまりですから、すでにＭＵＦＪは外資に支配されているといっても過言ではありません。

こうした外資の支配は、ＭＵＦＪに限ったことではなく、日本の銀行はほとんどが20％以上の株式を外資によって握られています。

これだけでも十分驚きですが、２０５０年の未来を考える場合、事態はさらに深刻になります。というのも、私の考えではＭＵＦＪのようなメガバンクが独自の仮想通貨を発行

■三菱UFJフィナンシャル・グループの大株主構成 平成28年3月31日現在

氏名又は名称	所有株式数（株）	発行済株式総数に対する所有株式数の割合（%）
日本トラスティ・サービス信託銀行株式会社（信託口）	748,648,100	5.28
日本マスタートラスト信託銀行株式会社(信託口)	540,923,500	3.81
日本トラスティ・サービス信託銀行株式会社（信託口９）	223,278,300	1.57
STATE STREET BANK AND TRUST COMPANY（常任代理人 香港上海銀行東京支店）	219,174,744	1.54
THE BANK OF NEW YORK MELLON SA/NV 10（常任代理人 株式会社三菱東京UFJ銀行）	218,600,440	1.54
STATE STREET BANK WEST CLIENT-TREATY 505234（常任代理人 株式会社みずほ銀行決済営業部）	188,599,978	1.33
THE BANK OF NEW YORK MELLON AS DEPOSITARY BANK FOR DR HOLDERS（常任代理人 株式会社三菱東京ＵＦＪ銀行）	184,158,625	1.29
日本生命保険相互会社	182,072,553	1.28
日本マスタートラスト信託銀行株式会社（明治安田生命保険相互会社・退職給付信託口）	175,000,000	1.23
日本トラスティ・サービス 信託銀行株式会社（信託口６）	162,325,700	1.14
合計	2,842,781,940	20.06

出典：「三菱UFJフィナンシャル・グループ有価証券報告書」より作成

■上記に記載されていない三菱UFJフィナンシャル・グループのブラックロック系の株主構成

氏名又は名称	保有株券等の数（株）	株券等保有割合（%）
ブラックロック・ジャパン株式会社	208,884,500	1.47
ブラックロック・アドバイザーズ・エルエルシー	32,267,874	0.23
ブラックロック・インベストメント・マネジメント・エルエルシー	14,949,084	0.11
ブラックロック・ライフ・リミテッド	39,979,876	0.28
ブラックロック・アセット・マネジメント・アイルランド・リミテッド	62,139,607	0.44
ブラックロック・ファンド・アドバイザーズ	152,441,320	1.08
ブラックロック・インスティテューショナル・トラスト・カンパニー、エヌ.エイ.	177,638,819	1.25
ブラックロック・インベストメント・マネジメント（ユーケー）リミテッド	20,199,524	0.14
合計	708,500,604	5.00

出典：「三菱UFJフィナンシャル・グループ有価証券報告書」より作成

※日本トラスティは三井住友信託系、日本マスタートラストは三菱信託系の信託銀行ですので、直接外資系というわけではありませんが、三井住友並びに三菱UFJの持株会社株式が外資に支配されているので、ここでは外資系と見ています。また、これらの信託口座の主たる出資者は外国資本です。あまり知られていませんが、日本マスタートラスト信託銀行の旧社名は、チェースマンハッタン信託銀行でロックフェラーの銀行です。

することで〝中央銀行化〟を目指していくと予測されるからです。

その取り組みはすでに始まっており、ＭＵＦＪは「ＭＵＦＪコイン」という仮想通貨を２０１７年秋を目処に発行すると発表しました（当時）。ただ、仮想通貨というと投機対象に過ぎないビットコインのイメージが強く、それが通貨として機能すると考えにくいかもしれません。しかし、ＭＵＦＪのような巨大資本を有する企業が発行すれば、仮想通貨は現実の通貨同様になりえます。なぜなら、近代資本主義で金本位制から管理通貨制度に移行したように、通貨の価値の本質は資本に裏付けられた信用力にほかならないからです。

そして、外資を中心とした巨大資本が中央銀行と同様の通貨発行権を有した場合、資本が国家という概念を超越する未来が見えてきます。

詳しくは次章以降で説明していきますが、つまり、２０５０年の未来は「地上の高齢層と地下の若年層」という超格差に象徴されるように、資本主義の支配が国家を越えて極限に達している社会です。そして、その中心は外資であり、英語圏の文化です。

ですから、いくら科学が発展し、自動翻訳によって言語力が問われなくなったとしても、英語力ならびに英語圏文化への理解力は、ビジネスの上で必須のスキルであることは間違いありません。よく未来予測として「自動翻訳機の登場により通訳という仕事はなくなる」

などといわれていますが、英語力そのものの重要性は、より絶対的になっていると肝に銘じておかなくてはなりません。

国家という概念の希薄化

さきほど、**2050年には「通貨発行権を有する巨大資本が国家の概念を超越する」と指摘しましたが、私の予測では、行政上の「国」という枠組みは残っていても、実質上「国家」という概念は消滅すると考えています。**

というのも、2050年以降には移動手段が格段に進歩していき、例えば乗用ドローンや海底トンネルを走るリニアモーターカーなどで世界中を短時間で移動できるようになります。さらに、国境を通り抜ける際に必要なパスポートも完全にデジタル化され、生体チップとして埋め込まれているはずですから、問題がなければ実質素通りと一緒になります。

つまり、地理的な国家＝国境の概念は希薄化します。残るは政治と経済の問題ですが、政治面では現在すでに地方分権が進んでおり、東京都などは都知事を中心として政治的には独立国家と呼んで差し支えない存在です。

ただ経済面だけは、現時点ではまだ国家の枠組みを必要としている。それは何より「円」や「ドル」といった通貨の発行権を国が有しているからです。ここで先述した仮想通貨が重要になるというわけです

2050年は、MUFJコインやグーグルコイン、アップルコインといった巨大資本に裏付けされた仮想通貨が流通し、「円」や「ドル」と同様の価値を有する社会です。いわば「サイバー経済圏」といったものが、国家の枠組みを越えて誕生するわけです。

既存の通貨を必要としないサイバー経済圏が巨大化すれば、いよいよ国家の必要性は希薄化します。安全保障の問題を指摘する向きもあるかと思いますが、その頃には軍事はすべてコンピューターによって制御されていますから、戦争も現実世界からサイバー空間へと移行し、物理的な衝突の危険性はほとんどなくなっているはずです。

こうなれば国家という概念は、地政学面でも行政面でも経済面でもメリットがなくなり、世界はサイバー空間を中心に再編され直すことになります。

では、国家という概念が希薄化した2050年、世界はどのような形に再編されているのか？　次章から、より具体的にその未来を占っていきましょう。

第2章

2050年の社会
超格差社会とバーチャル国家が誕生する未来

The future expectation in 2050

Chapter 2

⚙国家の概念の消滅

前章の最後で触れましたが、２０５０年の社会構造を考えた時、もっともドラスティックな変化が「国家という概念の消失」です。これは現在進行形で話題となっていたＴＰＰについて考察すれば、より鮮明に浮かび上がってきます。

ＴＰＰとは一言でいえば、「資本主義の名のもとに、先進国が発展途上国を経済支配するためのシステム」です。

先進国では、少子高齢化によって非生産人口の割合が上昇していきます。将来的には、日本では2~4割の生産人口が6~8割の非生産人口を養うことになるでしょう。当然、それでは財政は破綻しますから、解決策が必要になる。そこで目をつけたのが、「途上国の生産人口で先進国の非生産人口を養うようにしよう」というアイディアです。

例えば、ベトナムの人口分布は、60歳以上が5%ほどで圧倒的に非生産人口の比率が低く、生産人口の比率が高い。つまり、バランス的には生産人口が余っているわけですから、経済を一体化させることで、ベトナムの生産人口にアメリカや日本の非生産人口を養わせようというのです。

これまで、TPP交渉に参加してきたのは、アメリカ、日本、カナダ、メキシコ、チリ、ペルー、オーストラリア、ニュージーランド、シンガポール、マレーシア、ベトナム、ブルネイの12カ国です。TPP条約そのものはトランプ政権により頓挫しますが、トランプ政権はオバマ政権以上にウォール・ストリートが支配する政権で、形を変えてグローバル経済化が進められます。2050年の時点ではグローバル経済圏は世界中に広がっていることでしょう。

なぜなら、今は生産人口が余っているベトナムなどの途上国も、いずれ高齢化していき、先進国を養うためにさらなる別の生産人口の供給先が必要となってくるからです。

そして、その頃には、さまざまな条約が結ばれており、日本の若年人口の大半は途上国の若者となっているはずです。前章でも指摘したように、交通手段の発達と生体チップによる入出国審査の簡易化によって、国境を越えた移動は格段にスムーズになっています。

つまり、途上国の若者は先進国へ移住もしくは通勤し、高齢者を支える。逆に高齢者は、国内の超高層マンションに住むか、あるいは第二の人生を求めて海外へ移住するようになります。今でも、かなりの数の日本人高齢者がタイなどアジアへ移住していますが、その流れが世界中に拡散していくのです。

こうした未来において、国家という概念は希薄化し、今でいうところの「県」のような存在になっているはずです。簡単に短時間で越えることのできる国境は、感覚的には県境のイメージです。

なかには「移民」という言葉に拒否反応を示し、民族のアイデンティティーを唱える人もいるかもしれません。ですが、考えてみてください。例えば現在、群馬県でブラジル人の比率が高まっていることを、一体どれだけの日本人が真剣に問題視しているでしょうか？

「まあ少子高齢化で働き手が少なくなっているだろうから仕方ない」

そのくらいの認識ではないでしょうか？　これと同じことで、国自体が県のような単なる行政区になってしまえば、民族のアイデンティティーなど建前上の問題です。

もっとも重要なのは、社会構造上、先進国の人口比率の大半を占めるのは高齢者であり、その高齢者の最大のニーズは、生活を保障してくれる若者＝生産人口ということです。

社会構造が分かればニーズが分かり、ニーズが分かれば政治や経済が見えてくる。

繰り返しになりますが、未来を予測する際に重要なのは、アイデンティティーといった抽象的な概念ではなく、あくまでこのようなロジカルな思考の積み重ね以外にありません。日本的なものを求めるのであれば、個人的に日本家屋に住み、レトロな生活を満喫すればそれですむことです。ただし、そうしたアナログな生活こそが、２０５０年には富裕層の贅沢になっているとは思いますが。

仮想通貨の登場――ビットコインはなぜ通貨足りえないのか？

国家の概念の消滅とともに、**２０５０年のドラスティックな変化として「仮想通貨の流通」が挙げられます。**前章でも触れたように、すでにＭＵＦＪが２０１７年秋を目処に「ＭＵＦＪコイン」という仮想通貨を導入予定です。

仮想通貨といえば、一昔前にインターネット上の仮想世界である「セカンドライフ」が流行した時にまず話題になりました。セカンドライフ内で流通する通貨「リンデンドル」は現実の通貨に換金可能なので、それを稼ぐことで利益を上げることができるのです。新時代のビジネスとして注目され、当時は、「セカンドライフ内で土地を転がして数億円稼げる」などという話まで噂になりました。

しかし、セカンドライフの衰退とともにブームは沈静化します。利用者が減り、需要がなくなれば、通貨としての価値は消滅してしまうのです。

そして、次に現れたのが「ビットコイン」です。ビットコインには「ブロックチェーン」という新しいテクノロジーが導入されているとされ、注目を集めました。

ブロックチェーンとは、計算量の複雑性を利用して、取引履歴や残高などの破壊・改ざんを困難にする技術です。ある特定のデータやコンピューターがサイバー攻撃にあっても、データそのものは複雑性の高いサイバー空間で保持されます。ブロックチェーンの管理下にあるデータを攻撃するには、分散したすべてのコンピューターを同時に攻撃する必要があり、事実上、不正を行うことが不可能となります。

この技術の開発によって、仮想通貨の安全性が一気に高まり、これまで実現することができなかった「個人間の通貨のやり取り」が可能になりました。利用者同士で自由に通貨を取引できるようになったことで、仮想通貨はさらに現実の通貨に近づいたのです。

しかし、ビットコインと現実の通貨の間には、決して埋まらない溝がありました。その理由を、ノーベル経済学賞を受賞したフリードリヒ・ハイエクの『貨幣発行自由化論』(東洋経済新報社刊）に照らし合わせて解説していきましょう。

ハイエクは『貨幣発行自由化論』の中で、ひとつの国に複数の通貨を流通させるべきとの主張を展開しました。つまり、政府と一心同体である中央銀行が発行する通貨以外に、別の民間発行の通貨が必要だということです。これをもって「ビットコインは正しい！」と主張する人々もいますが、彼らは大きな誤解をしています。

ハイエクが複数通貨の必要性を論じた根拠は、政府には本質的にインフレ欲求が内在しているということです。

インフレは政府にふたつのメリットを与えます。ひとつは国債の発行額に応じて、国の借金が減っていくこと。額面で借りているわけですから、インフレになった方が実質的な借金は減ります。もうひとつは、これがポイントなのですが「税収が増える」ことです。

インフレになれば物の価値が上がり、企業の業績も上がるので、個人の所得額が増えます。すると、累進税率が高い区分が増えるわけです。つまり、インフレになれば自動的に税収が増えるというカラクリがあるのです。現在、日本政府が躍起になってインフレを推し進めている理由はここにあります。

では、国民にとってはデフレの方が歓迎すべきなのでしょうか？　そうとは言い切れません。デフレになれば、物の価値が低くなり額面に対してのお金の価値が高まるので、多額の預金を持っている富裕層にはメリットがありますが、逆に銀行から住宅ローンなどの借金をしている一般層は借金が増えてしまいます。

つまり、預金と借金の双方で経済が成り立っている以上、全体として見ればインフレもデフレも好ましくなく、社会を安定させるには物価の調整が不可欠なのです。

しかし、前述したように政府にはインフレ欲求がありますから、通貨発行権の主体が中央銀行に限定されている限り、基本的に経済はインフレへと傾いていきます。それゆえ、通貨供給量をダイナミックにコントロールし、物価の安定を図るためには、中央銀行発行に競合する別の流通通貨が必要になる。これがハイエクの理論です。

この理論を正確に把握していれば、ビットコインはハイエクの提唱する〝中央銀行発行以外の流通通貨〟となりえないことが分かります。そもそもハイエクが複数の流通通貨の必要性を論じたのは、通貨供給量をコントロールして物価を安定させるためです。

しかし、ビットコインは本質的に供給量をコントロールすることはできません。増やすことはできても、減らすためには市場から買い取りをするシステムと資本力が必要です。ビットコインにはそのような発行主体はありません。

ビットコインは発行者や運営者が不在で、その価値は需要と供給のみに依存しています。セカンドライフのように参入者がいなくなれば、通貨としての価値を維持することはできません。それゆえ投機対象の枠を越えることはできず、流通通貨とはまったく異なる存在に過ぎません。私の見立てでは、あと数年もすればその価値は暴落すると思います。

つまり、ハイエクの提唱する流通通貨となるためには、通貨発行権者に十分な資本に裏付けられた信用力があり、供給量をコントロールする術がなければなりません。

ブロックチェーンによって仮想通貨の安全性・汎用性は流通通貨と遜色なくなりました。残る問題は、信用力を持った通貨発行権者が現れるかどうか。そこで登場したのがＭＵＦＪコインです。

ＭＵＦＪコインの革新性

ＭＵＦＪコインには、ブロックチェーンの安全性・汎用性に加え、その名の通りＭＵＦＪという確固たる発行権者・運営者が存在します。つまり極端な話、もし利用者がいなくなったとしても、ＭＵＦＪという巨大資本がその価値を保障してくれるのです。

ここで今一度、「通貨とは何か？」をおさらいしておきましょう。

法定通貨の定義とは、「貸主が債権の返済に受け取りを拒めない『通貨』のこと」です。例えば、「円で借りたお金をビットコインで返済します」といっても、貸主はもちろん返済を拒むことができるので、ビットコインは法定通貨とはなりえません。一方、ＭＵＦＪコインの場合、ＭＵＦＪがＭＵＦＪコインでの銀行ローン返済を認めれば、これは限りなく法定通貨に近づくことになります。

さらに、２０１６年の5月25日には改正資金決済法が可決され、法律上も仮想通貨が「通貨」として認められることになりました。

政府は、２０１５年の時点では「仮想通貨は通貨ではなくモノであり、課税対象である」という閣議決定を下していたのですが、それが1年間で覆るほどのスピードで仮想通貨は社会に浸透しつつあるのです。

現在、ＭＵＦＪは１７２兆円の資金量を保有していますが、これはオーストラリアやロシアのＧＤＰを超える額です。つまり、ＭＵＦＪコインは先進国並みの信用力を保持していることになり、その価値が消滅することなどありえません。さらに、流通規模ですが、円のユーザー数が日本の有権者数とすると約1億人、ビットコインのユーザー数が世界で約1300万人であるのに対して、MUFJコインはその口座数から割り出すと約4000万人と最初からかなりの規模を持つことが予想されます。

法定通貨も同然の信用力と流通規模を持つMUFJコインのメリットは、ほかにもあります。それは貨幣としての圧倒的な利便性と人工知能による調整機能です。

利便性という点では、海外への送金を例にとると分かりやすいでしょう。現実の通貨の場合、海外への送金は非常に手間のかかる作業です。時には着金まで数日間を要するケースもあり、手数料もかかります。しかし、仮想通貨では一瞬でほとんどコストなしに送金できるようになります。

さらに、人工知能を導入することで、リアルタイムにありとあらゆる物価の動きをモニタリングして、ダイナミックに通貨供給量を調整することが可能となります。将来の需要を予想して通貨供給量を調整できるということは、言い換えればインフレもデフレもない通貨を実現できるということです。まさにハイエクの提唱した流通通貨そのものです。

このように**MUFJコインは、これまでの通貨の概念を覆し、仮想通貨を劇的に普及させるポテンシャルを秘めています。**もし軌道に乗れば、みずほ銀行や三井住友銀行といった他のメガバンクも追随することは明白です。

■MUFJコインの有望性

	Leagal tender としての信用力	物価変動適応 総量調整	貨幣としての 利便性	ユーザー数
MUFJコイン	○	**AI技術で 有望**	◎	**4000万人**
円	○	日銀が 事実上放棄	○	1億人
ビットコイン	×	×	◎	1300万人

そうなれば2050年の未来において、すべての紙幣や硬貨は、コイン収集家のコレクション対象でしかなくなっていることでしょう。

財布（財布というアイテム自体が消滅している可能性もありますが）に紙幣や硬貨を入れて持ち歩く行為自体が、高齢富裕層の懐古趣味の一端でしかなくなり、金銭のやり取りはすべてサイバー空間上で圧倒的スピードをもって決済されることになります。当然、ビジネスのスピードや規模、効率に劇的な変化をもたらし、次に述べるような「超格差社会」を生み出すことになるのです。

超格差社会の到来

2050年、国家の概念が消失し仮想通貨がメインとなっている社会は、「超格差社会」であることは間違いありません。

というのも、事実上の国境がなくなり、バーチャルな通貨が流通するということは、経済の中心が4次元から5次元であるサイバー空間に移行することを意味するからです。すでに「IoT（モノのインターネット）が第四次産業革命をもたらす」とまでいわれており、人工知能が普及すれば、その流れはさらに加速していくでしょう。

では、経済がサイバー空間に移行すれば、なぜ格差が拡大するのか？　アメリカの著名な文明批評家であるジェレミー・リフキン氏が2015年に上梓した『限界費用ゼロ社会』（NHK出版刊）では、近い未来、IoTによって限界費用が限りなくゼロに近くなるという指摘がなされました。もちろん私は同じことを自著で何年も前に指摘しています。

限界費用とは、簡単に説明すると、「商品やサービスの生産量を増加させた時にかかる総費用の増加分」ということです。自動車産業を例にとると、生産量を上げた場合、工場などの固定費用は変わりませんが、原材料費や人件費などの可変費用は増加してしまうので、その分の限界費用が生じるわけです。

しかし一方で、ＩＴや人工知能が発展した未来においては、工場の主役はロボットになっており、自動運転のため輸送費もかかりません。当然、限界費用は格段に低くなります。

さらに言えば、サイバー空間の中で経済を動かしている人々には、事実上、限界費用がまったくかかりません。枠組みを作ることで広告で儲ける、情報で儲ける、投資で儲けるなど様々な手法がありますが、限界費用がかからないため、それこそ無限に生産性を上げることができるのです。フェイスブックのように創業数年で世界有数の巨大企業に成長することだって可能です。

その証拠に、２０１６年10月時点での全世界の企業時価総額ランキングを見てみると、1位がアップルの約６１００億ドル、２位から10位には、グーグルを傘下に持つアルファベット、マイクロソフト、フェイスブック、アマゾン・ドット・コム、アリババ・グループなど今をときめくＩＴ企業がランキング上位を独占しています。このままいけば、２０５０年にはランキング上位１００社すべてがサイバービジネス企業であっても不思議ではありません。

例えば、一世を風靡したLINEが、2016年7月に東証一部に上場した際の時価総額が100億ドル（約一兆円）となり、大きな話題を呼んだのは記憶に新しいと思います。しかし、LINEはあくまで韓国と日本を拠点としたマイナー企業に過ぎず、時価総額も先述した世界的企業と比較になりません。

しかし、サイバー空間で全世界がつながっている2050年においては、LINEのような企業が世界をマーケットに生産性を高めることが格段に容易になっているはずです。となれば、上場時の時価総額は数倍～数十倍となり、グーグルやフェイスブック並みの上場が日常茶飯事になっていることでしょう。その結果、創業時の社員は数十億円の資産を手にすることになります。

このように限界費用を無視して生産性を無限に上げられるようになれば、桁違いの資産家が大量に生み出されるようになります。しかし一方で、依然として限界費用に縛られた物理的労働を強いられる大多数、例えば工場でロボットの管理や整備に携わる人々などは、相対的に貧困へと追いやられます。

限界費用ゼロ社会を提唱したリフキン氏は、生産性が劇的に上昇した結果、人々が協働でモノやサービスを生産し、共有し、管理する「共有型経済」が実現すると唱えていますが、仮にそうであったとしても、富は共有どころか偏在性を強めていくに違いありません。巨額の資産を得た一握りの人々は、最新の医療技術によって200歳まで生き、高層ビルの最上階でサイバー空間に生きる生活を送ります。

2050年までに、マトリックスのように脳幹を直接インターフェイスとして、一歩も動かず暮せるようになる可能性すらあります。

これに対して若年世代を中心とした貧困層は、電気や水、医療などのインフラが民営化・高額化することで、より悲惨な生活を送ることになります。まるで超富裕層の生活を支える奴隷のような存在です。

これは、とてもシビアな現実です。ですが、それでも日本に生まれていれば、まだ幸福といえるでしょう。というのも、再三述べてきたように、日本の超富裕層を支えるのは、主に途上国の若者だからです。日本の超富裕層は一握りの日本人と外国人の成功者、そして彼らを支え、奴隷労働に従事するのは外国人の若者であり、それ以外の多くの日本人はある程度の生活と収入を保障された存在になる。つまり、**日本は今でいうモナコ公国のような形になっていると私は考えます。**

モナコ公国の人口は約3万8000人ですが、このうちモナコ国籍を持つ純粋なモナコ公国民は3割にも届きません。残りの7割以上は、労働許可を得た永住者、つまりアメリカにおけるグリーンカードを持つような人々です。人口比率的には圧倒的に後者の方が多数派ですが、経済の中心であるカジノやホテルなどの既得権益は、すべて少数派のモナコ公国民が掌握しています。

モナコを観光した時、飲食店やホテルなどで接する従業員は、ほとんどがイタリアなどから移住してきた労働者であり、モナコ公国民に出会う機会は希です。なぜなら、彼らは公国民という既得権益だけで暮らしていけるからです。これと同じようになるでしょう。2050年の日本では、国家という行政単位が小さくなっている可能性とともに、日本人ということ自体がかなりのステータスを持つようになっています。

ただ、その代わりに優遇される日本人の定義が厳密化している可能性はあります。日本の人口自体は外国人労働者の流入により3億人ほどまで膨れ上がっていると思われますが、純粋な日本国民に関しては、両親が日本人かどうか、場合によっては祖父母まで日本人であるかどうか、または納税額などで厳密に定義されます。その結果、少子化の影響もあって5000万人ほどに留まるでしょう。

それ以外の2億5000万人については、モナコ公国同様にグリーンカードを持つ外国人労働者ということになります。この場合、現在日本に住む私たちの子供たちには、そこまで悲観しなくてもよい未来といえます。

日本にとっての最悪のシナリオ

しかしながら、楽観してばかりいられるわけではありません。というのも、TPPで目指されてきたグローバル経済化という恐るべきワナがすでに張り巡らされているからです。グローバル経済化の恐怖については次章で詳しく解説していきますが、ひと言でいえば、**日本経済は外資によって牛耳られることになり、司法・立法・行政の独立性を奪われ、国家主権すら失いかねないということです。**

それでも経済的に先進国であり続けられれば、前述したモナコ公国的な未来もあるでしょう。

ですが、日本経済が完全に破壊されてしまった場合、例えばIMF（国際通貨基金）の管理下に置かれてしまった場合などは、悲惨な未来が待っています。

IMFの管理下に置かれると、まず通貨発行権を失うことになります。通貨発行権の重要性については、これも次章以降の中心的なトピックとなりますが、ひとまずここでは財政権を失うことと同義と考えておいてください。

通貨を発行するという行為は、国に莫大な利益をもたらします。例えば、日本銀行が一万円札を1枚発行すると、原価の20円を差し引いた9980円が国債の購入にあてられます。つまり、通貨発行権を失えば国債すら購入できず、財政権を失ったも同然なのです。

そして、TPPに代表されるグローバル経済化によって日本経済がボロボロになった頃には、条約に加盟していない国、例えば韓国や中国がアジアの主役になっている可能性があります。といっても、韓国や中国の経済もその実態は巨大国際外資となっているわけですが。

しかも、外資に操縦され巨大な国土を維持できなくなった中国は、いくつかの国家に分裂している可能性すら考えられます。上海国、北京国といった国家にそれぞれ5000万人の上海人と北京人がいて、彼らの生活を支える奴隷的存在として日本人が移住している。グローバル経済化によって経済を破壊された場合には、そんな目を覆いたくなる未来が待っています。

外資天国・日本

最悪のシナリオの場合、日本人が韓国や中国で奴隷労働に従事しているかもしれないと指摘しました。韓国はすでに外資に乗っ取られて散々ではないかと反論する人もいるかと思います。たしかに韓国経済の実体はすでに外資であり、主要企業の株は海外の投資ファンドが握っています。個人の大株主である創業者一族は、終戦後の日本で行われた財閥解体のごとく汚職などで吊し上げられ、その実権を奪われています。

しかし、そうした韓国経済と比べて、日本が優れているかというとそうとも限りません。前章でも指摘した通り、ＭＵＦＪの筆頭株主はすでにブラックロックを含む外資系ファンドであり、実質上の外資比率は実に約25％。韓国ほどではないにしても、普通に外資系銀行といっても過言ではありません。ＭＵＦＪの名前だけみれば三菱グループのドメスティックな銀行だと思い込んでいる人が多いと思いますが、中身はすでに外資系なのです。

そして、こうした状況はＭＵＦＪのみならず、みずほ、三井住友の三大メガバンクに共通しています。大株主のうちブラックロックはいわずもがな、日本マスタートラスト信託銀行は、もとをたどればチェース・マンハッタン信託銀行、つまりロックフェラー系で、日本トラスティ・サービス信託銀行も、株主は三井住友信託系ですが、ファンドの出資者は主に外資です。

さらにいえば、銀行だけではありません。ソフトバンクの株主構成を検証してみると、創業者の孫正義氏が約20％を保有していますが、そこからはキャピタル・リサーチ・アンド・マネージメント、ＪＰモルガン、日本マスタートラスト、日本トラスティと、メガバンクとほとんど同じ面々が並びます。つまり、ロックフェラーを中心とした巨大国際外資が掌握しており、その合計は30％を超え、株主総会の特別決議成立を阻止できる3分の1に近づきつつあります。

商法上は3分の1を超えると特別決議を阻止可能、2分の1を超えると代表取締役などの役員を選任する権限を有することになり、その企業を支配することができます。しかし、実際は外資比率が25％にも達すれば、彼らの意向に反旗を翻すことなどほぼ不可能です。

このように日本の名だたる大企業には、すでに外資が入り込んでおり、その比率は違えど韓国同様に実質上の「外資天国」といっていい水準に達しています。

そして、こうした実態を把握していれば、経団連がＴＰＰに代表されるグローバル経済化を推進する理由も簡単に理解することができるでしょう。外資が実権を握っている大企業の社長は、外資のイエスマンでなければなりません。キレ者や反抗的な者は、真っ先に排除されます。つまり、経団連社長＝イエスマンの集まりになりますから、経団連の意向はそのまま外資の意向であると受け取って差し支えないのです。

では、なぜ外資はＴＰＰなどのグローバル経済化を推進するのか？　ここで日産の代詞的存在である「GT-R」を例にとって少し解説していきましょう。

自動車産業においては、それぞれの国に個別の安全基準が存在します。国によって交通事情や交通事故発生状況が異なるからですが、それでも日本とヨーロッパは１３２の規則について安全基準を共通化しています。しかし、日本とアメリカでは15規則しか共通化されておらず、まったく別の基準であるのが現状です。

このような状況下で、将来、仮にＴＰＰ的なグローバル化条約によって自動車産業が完全自由化された場合、日本とアメリカの両方の安全基準を満たす必要性が出てきます。消費者としては、「より安全になってよいじゃないか」と思うかもしれませんが、メーカーにとっては大変な話です。というのも、ある特定の安全基準を満たすためには、膨大な開発コストが要求されるからです。

例えば、時速60キロの安全基準を満たすように作られた車を、アメリカ基準の時速40マイル（64キロ）でも安全な仕様にするためには、部品から制御まで、一から作り直すくらいの開発費が必要となります。

もっといえば、時速60キロで安全な車が時速55キロで安全とは限りません。むしろ、時速55キロの方が危険であったりする。それくらい繊細な技術なのです。

そして、このようにコストのかかる安全基準を徹底的にクリアした車が日産のGT-Rです。GT-Rの開発者である水野和敏氏によれば、GT-Rは国の定めた安全基準のみならず、全速度での安全性が担保されているといいます。レーシングカーですから当たり前の話ではありますが、その安全性の実現には多大な開発費が投じられ、結果として販売価格がゆうに１０００万円を超えることになりました。しかし、それでも利益はほとんど出ないそうです。

つまり、すべての車にGT-R並みの安全性能を付与した場合、車の販売価格は数倍に跳ね上がります。しかも、利益はわずかとなれば、自動車産業は壊滅的な打撃を受けることでしょう。GT-Rは、日産の技術力を証明するブランド商品として、特別に開発が許可された車に過ぎないのです。

少し前置きが長くなりましたが、このように複数の安全基準のクリアとビジネスの両立が困難である以上、TPPで狙われたグローバル経済化によって日本とアメリカの異なる安全基準が持ち込まれた場合、国やメーカーはどちらかの安全基準を選択する必要に迫られます。

当然、日本の安全基準が優先されるべきですが、外資のイエスマンである経団連はそうは考えません。おそらく国土交通省もアメリカ寄りにならざる得ない状況に追い込まれるでしょう。そして、安全基準がアメリカ寄りになればなるほど、フォード、GMといったアメリカ企業が優遇されることになります。前述したように、ひとつの安全基準をクリアするだけでも膨大なコストがかかるわけですから。

このように外資の圧力によって国内の経済が圧迫される現象は、未来を待たずとも保険業界を見れば一目瞭然です。

TVを見ていれば一日1回は目にするであろう「がん保険」のCM。こうした医療保険の分野では、外資系保険会社が圧倒的なシェアを占めています。その理由は1970年代にまで遡ります。

戦後長らく、国内の保険事業はすべて内資で、外資系企業の参入は認められていませんでした。しかし、高度経済成長によって市場が拡大すると、外資がアメリカ商務省を通じて日本政府に市場開放を要求してきたのです。そこで政府は苦肉の策として、通常の死亡保険、終身保険とは異なる「第三分野」として医療保険やがん保険を外資に独占的に開放したのです。

１９７４年にアメリカンファミリー生命保険（アフラック）が参入したのを皮切りに、医療保険、がん保険は外資系企業のみが販売できる既得権益となり、１９９９年には国内のがん保険のシェアの85％をアフラックが握っていたほどです。

第三分野の開放を目指して１９９６年に施行された新保険業法も、アメリカからの圧力で骨抜きにされ、国内企業へ全面開放されるには、施行から5年後の２００１年まで待たなくてはなりませんでした。

しかし、ようやく全面開放されたとはいえ、国内企業は苦戦を強いられます。というのも、保険という商品の性質上、いったん契約してしまえば長期の取引となることがほとんどです。つまり、外資系企業の先行者利益が非常に大きく、それを突き崩すのは容易ではなかったのです。

巨大外資系企業の利益の代弁者であるアメリカ政府の圧力により、日本政府が外資を優遇する政策をとることは、すでに実証されています。ですから、外資のいいなりである経団連、そしてアメリカ政府にすり寄る一部の政治家たちが推し進めるグローバル経済化の行方には、くれぐれも注意しなければなりません。

企業の仮想通貨が席巻する未来

ここでもうひとつ、日本がすでに外資に牛耳られている証として、ここ数年話題となっている「日銀砲（日銀による為替市場介入を指す）」について内情を説明しましょう。日銀は金融緩和としてＥＴＦ（上場投資信託）を買い入れ、株価を支えてきました。２０１６年７月には、それまで年３・３兆円だった買い入れ額を６兆円に倍増し、市場関係者を驚かせたのも記憶に新しいはずです。

この日銀砲、表向きは「株価下落を防ぎ、企業や家計に悪影響を及ぼさないため」といわれていますが、実際にはある特定の企業の株に投資し、資金を外資へと垂れ流し続けているのです。

詳しく解説しましょう。日銀の買い入れは東証一部上場全銘柄２０００社が対象である

TOPIX（東証株価指数）連動のETFです。ETFはTOPIX銘柄で構成された株の塊ですから、ある特定の銘柄を買い付けることはできません。しかし、その投資内容を精査していくと、実は特定の27社に投資が集中していることが分かります。これは、「投資対象が27社であっても、結果がTOPIXの値動きと合致すればTOPIX連動といえる」というファンドの論理というか詭弁を使っているのです。当然、国民は一部上場企業の株を万遍なく買っていると思い込んでいます。

そして、日銀がETFという隠れ蓑の陰で投資している27社のうち、もっとも大きな投資対象はミツミ電機です。投資に興味がない人は名前すら知らないと思いますが、このミツミ電機はアップルにiPhone用の部品を納品している企業です。アップルの株主はウォール・ストリートですから、言い換えれば、外資が日銀を操って自分たちの企業に投資させているようなものです。また、買収で有名な電気部品メーカー、ミネベアと2016年中に合併しており、特定の集団によって株価がコントロールされる仕手株でもありました。

さらに、ミツミ電機の他に巨額の買い入れをしているのがユニクロです。外資はバブル崩壊後から安値の日本株を買い漁り、相当数のユニクロ株を保有していますが、その平均取得値は15000円ほどです。その後、せっせと日銀が買い入れ、ユニクロ株は一時、最高で約６２０００円にまで上昇し、外資はこの時点から日銀のＥＴＦ買いで利ざやを稼いでいます。ユニクロの有価証券報告書を年度ごとに比較すると、外資が日銀ＥＴＦに売ったユニクロの株式数は２００万株で、その差益は実に１兆円近くに達します。これはつまり、日銀が外資に１兆円を贈呈したことと同義です。

ユニクロ１社でこの額ですから、日銀から外資に渡っている金額は計り知れません。日銀がＥＴＦで市場から株を買っているのに対して、その株の売主は外資系ファンドです。なんのことはない、**金融緩和という名目のもと日銀で刷られたお金は、日本国内に回っているわけではなく、外国に回っているだけなのです。日本の景気がよくなるはずがありません。**

アップルの話が出たので、ここでもうひとつ、iPhone7についても触れておきましょう。iPhone7から実装された機能に「アップルペイ」があります。一言でいえば、iPhoneで資金決済ができるお財布ケータイのような機能ですが、そうした機能はこれまでアップルには許されていませんでした。

実は日本のクレジットカードの読み取り技術というのは、１９６０年代の技術をそのまま使っています。日本電信電話株式会社、ＮＴＴドコモなどの大手キャリア、三井住友、みずほ、ＭＵＦＪの三大メガバンク、ＪＣＢ、クレディセゾンなどが主な株主となっているある企業たちがあり、そこが認定したカードリーダーを通さなくては、クレジット決済ができないのです。

１９９０年代からは、海外ではＩＣチップを利用したデビットカードが主流となっていますが、日本では使えません。中国人による〝爆買い〟がブームとなった時、あまりに不便なので日本もＩＣチップ対応にしようとする動きがありましたが、ことごとく潰されてきました。

なぜ、こうも旧世代の技術に固執するかというと、ＮＴＴの利権が絡んでいるからです。現行のクレジットカードーリーダーは、インターネット対応していないので、店舗は必ずＮＴＴの電話回線を敷く必要があります。さらに、カードリーダーを使用した場合、１回では危険という名目でＮＴＴの電話回線を2回利用することになります。つまり、現行のカードリーダーはＮＴＴに金を落とすための道具といってもいいのです。

しかし、iPhone7のアップルペイは、このＮＴＴの牙城をついに突き崩すことになりました。アップルペイは、iPhone7の中にクレジット情報を登録し、ユーザーとクレジット会社の仲介業務をインターネット上で行う機能ですが、将来的にはアップル自体がクレジットカードを発行したり、さらには仮想通貨であるアップルコインを発行することを目論んでいます。しかし、そうした展開は前述したＮＴＴによる既得権益を揺るがし、さらには銀行法にも抵触する問題です。

ところが、２０１６年5月25日、金融庁が閣議決定を覆し、仮想通貨を認めるという趣旨で、資金決済法と銀行法を改正してしまったのです。表向きはこれからの時代のフィンテックに対応するということですが、これは事実上、アップルのために改正したといってもいいでしょう。これまで誰も手を出せなかったカードリーダーの壁を一気に飛び越え、古くは高橋是清の時代から不変であった銀行法まで変えてしまう、これが巨大外資の力です。

資金決済法の改正によってＭＵＦＪコインが流通すると指摘してきましたが、**当然、今後の通貨発行権を巡って、アップルやグーグルも覇権争いに参入してきます。２０５０年には、ＭＵＦＪコイン、アップルコイン、グーグルコインなどの仮想通貨が、日銀と肩を並べ、脅かす存在になっている可能性は十分にあります。**

隣人がテロリストかもしれない「サイバーテロ」の恐怖

仮想通貨の流通により、社会の中心がサイバー空間に移行することで危惧《きぐ》されるのは、「サイバーテロ」の横行です。イスラム国などの例を見ても分かるように、悲しいことではありますが、テロリズムは政治的手段として非常に有効なことが証明されてしまいました。その上、サイバーテロは物理的な制約を受けませんから、ますます活発になっていくことが予想されます。その端緒は、すでにイスラム国に見てとれます。

「イスラム国は野蛮な狂信者の集まりであるから、空爆でもすればおとなしくなるだろう」

これが現在のイスラム国に対する大半のイメージであり、実際に先進国がとっている対応でもあります。しかし、イスラム国の本丸はサイバー空間にあります。彼らは決して狂信的な愚か者ではなく、計算して野蛮な行為を行い、それをサイバー空間に拡散することで戦争を仕掛けているのです。

その証拠に、イスラム国は銃や爆弾を買う金で、同時に撮影機材とスタジオを用意し、YouTubeに残虐映像を流すことで世界的な知名度を獲得しました。彼らは自分たちの最大の武器が「イメージ」であることを知っています。

イスラム国は物理的に不法占拠しているイラク、シリアのみならず、アフリカや東南アジアにまで勢力を拡大しています。それはイスラム国のリクルーターが世界中に散らばり、実際に工作活動を行った結果でしょうか？　もちろんそうした活動も行っているでしょうが、本質は違います。彼らの戦略のもっとも重要なポイントは、インターネットを使ってイメージを拡散させ、世界中に散らばっている潜在的な〝イスラム国的な存在や欲求〟を掘り起こしていくことです。

「イスラム国に忠誠を誓う武装勢力が北アフリカのリビアの首都トリポリで高級ホテルを襲撃」「パキスタン最大のイスラム過激派パキスタン・タリバン運動の一部幹部が組織を離脱し、イスラム国に忠誠を誓う」「フィリピンやインドネシアの一部の過激派組織がイスラム国への支持を表明し、戦闘員としてシリアやイラクに渡る」。

例えば、実際に起こったこうした一連の事件も、イスラム国のサイバー戦略の結果といえるでしょう。サイバーテロにおいて、物理的な空間はあまり意味がありません。空爆を行って打撃を与えたところで、撮影機材とスタジオさえあれば、彼らはどこからでも世界中に領土を広げることができるからです。有効な対抗手段は、残虐映像などがアップされた瞬間に、そのサーバーを叩いてしまうこと。つまり、サイバーテロにはサイバー空間で対抗する以外に術はないのです。

そして、このようなサイバーテロが横行する未来において、現在は目立ったテロ被害のない日本もまったく安全ではありません。

２０５０年は、人間の生活および生命維持にＩＴテクノロジーが必須の時代になっています。インフラはもちろん、高齢者の脳や心臓の機能の一部もＩＴによって補われていることでしょう。

そうした社会において、例えば「電力会社をハッキングして電気の供給を止める」という行為が、非常に強力なテロリズムとなりえるわけです。要人に関していえば、個人にハッキングをかけて生殺与奪権を掌握することも可能です。２０５０年はすべての自動車が無人運転化され５人乗りドローンなどがあたり前になっていますから、ハッキングは重要なテロ手段となっています。つまり、**コンピュータ一台さえあれば、物理的な空間に拘束されることなく、どこにでも、誰にでも攻撃を仕掛けることが可能になります。**

「もしかしたら、隣人がテロリストかもしれない」

このような状況下にあっては、個人情報の管理がより厳格化していくことは必然です。生体チップが埋め込まれ、「いつ、どこで、どのサーバーにアクセスしているか」を政府によって監視されることになります。

国家は体制秩序維持のため管理を強め、国民のプライバシーなど存在しないも同然の状況も起こりえます。そして、その反動として、サイバー空間において国から独立した存在も現れてくることでしょう。それが「バーチャル国家」です。

「バーチャル国家」の誕生

ＩＴが普及し、経済がサイバー空間に移行したことで問題となっているのが「タックスヘイブン（租税回避地）」です。本来、日本人が生み出した所得は課税対象となりえますが、政府の網の目はまったく追いついていません。まして仮想通貨が流通し始めれば、その実態をとらえきることは不可能になるでしょう。

しかし、何かと問題視されるタックスヘイブンですが、本質的には理想の地方自治のあり方ともいえます。現在、日本では地方分権の促進が図られていますが、依然として財源は中央政府の交付金に頼らざるをえない状況です。自治体が独立性を保つためもっとも重要な要素が「財源の確保」であるにもかかわらず、主要な税金は国税として徴収されてしまうという閉塞的な状況にあるのです。

本来であれば、「北海道に住めば税金が安くすみますよ」と宣伝することで、企業や人を誘致して活気を取り戻していくのが正しいあり方ですが、東京でも北海道でも国税メインでほとんど税額が変わらないのであれば、便利な東京に企業や人が集まるのは当たり前の話です。そこで生まれていくのが「東京に住んでいてもいいから、住民票だけでも北海道に移してください」という発想。それがタックスヘイブンです。中央政府は損をしますが、納税者にとっては税金が安くなり、地方自治体にとっては財源が確保されるというWIN-WINの関係になります。

ここで私が「2050年は国家の概念が消滅する」と指摘したことを思い出してください。国家の概念が消滅するということは、世界中が地方自治体のような存在になるということです。社会の中心がサイバー空間に移行することで、地理的な制約がなくなり、各自治体の提供するサービスを離れた場所で享受することができるようになります。

例えば、ある自治体は教育に特化したとします。2050年の教育はインターネットを介した通信教育が一般化しているはずですから、優れた教育を受けたい人は、その自治体の住民となり税金を納めるようになります。別の自治体がサイバーテロ対策に特化すれば、テロ対策に敏感な企業はその自治体に籍を置くことになります。

タックスヘイブンの問題点は、現実世界での所在地のインフラやサービスにただ乗りする状況が生まれることにありますが、サイバー空間では関係ありません。最低限のインフラの対価さえ支払っていれば、自分が享受したいサービスによって納税先を選択すればよいのです。

そして、その納税先は国家や自治体だけとは限りません。**MUFJコインやアップルコインのように独自の通貨発行権を有し、独自のサイバーセキュリティ部隊を持ち、独自の医療保険制度や教育制度を持つ企業がサイバー空間上に登場してくることでしょう。**もし彼らの提供するサービスを受けたいのであれば、彼らの仮想通貨で対価を支払うことになります。

「有事の際は、うちのサイバーセキュリティ部隊が皆さんを守ります。その代わり、セキュリティコストとして所得の10％を支払ってくださいね」

これは税金も同然であり、その企業は「**バーチャル国家**」と呼んで差し支えない存在です。そして、こうしたバーチャル国家が世界中に点在する中で、人々は「あそこのバーチャル国家はセキュリティがしっかりしている」「あの自治体の教育を受けたい」という選択によって、複数の国籍を持つのが一般的になっていることでしょう。インフラは現住所の自治体、セキュリティはバーチャル国家A、教育はバーチャル国家Bというように、自由にカスタマイズすることができるのです。

そうなればバーチャル国家が国連に加盟するのも時間の問題です。流石に突拍子もない話に聞こえるかもしれませんが、すでに近い事例があるのです。それが「ロドスおよびマルタにおけるエルサレムの聖ヨハネ病院独立騎士修道会」、通称「マルタ騎士団」です。

マルタ騎士団とは、もともと十字軍時代の聖ヨハネ騎士団のことで、ロドス島に領土を保有していました。しかし、16世紀にオスマン帝国に敗れてマルタ島に本拠を移し、18世紀のナポレオンの侵攻によって領土を完全に失います。現在は、ローマにある「マルタ宮殿」というビルが騎士団の本部になっています。

そして、このマルタ宮殿はイタリア政府から治外法権を認められています。それどころか、マルタ騎士団は世界100カ国以上と外交関係を持ち、在外公館すらも設置し、国連でもオブザーバーとしての地位を得ています。つまり、2050年と待たずとも、すでに領土を持たない国家は存在しているわけです。ですから、将来的にバーチャル国家が国連の承認を得て、物理空間に大使館を持つ局面が生まれてきても何ら不思議ではないのです。

2050年の生き方——戦略的な国籍選択

バーチャル国家が誕生し、複数の国籍を持つことが一般的になっている2050年には、人々のライフスタイルは大きな変化を遂げています。

国家や自治体は納税者の確保のため、それぞれ「サイバーセキュリティが強い」「教育が充実している」などの特徴をアピールしていきます。選択肢が無数にある中で、人々は人生のステージに合わせて所属すべき場所を選びとっていかなくてはなりません。それはまるで、就職活動や転職活動のようなものです。

一昔前までは、学生の就職希望ランキングで人気だったのはドメスティックなメーカーやマスコミで、外資系は負け組の就職先とされていました。それが今では見事に逆転しています。これと同じことで、おそらくバーチャル国家が誕生してしばらくは、その国籍を持つことに拒否反応が示されるかもしれません。しかし、そんなことはまったく意に介さず、バーチャル国家はサイバー空間でガンガン稼ぎ続け、納税者へのサービスを充実させていくことでしょう。そうなれば、いつしか「グーグル国のようなバーチャル国家の国籍を持つことが先進的でスタイリッシュ」という風潮ができあがっているはずです。

それでも「国籍をころころ変える時代なんて本当にやってくるのか？」と懐疑的な人は、日本の荘園制度を思い起こしてみてください。もともとは一国一城の主であった荘園領主たちは、こぞって貴族や有力豪族に自らの領土を寄進していきました。なぜかというと、その方が税金が安くなったり、他の豪族から守ってくれたりとメリットが大きかったからです。「はじめに」でも述べましたが、歴史は繰り返さずとも、人々の考えや行動の本質は変わりません。つまり、メリットがデメリットを上回りさえすれば、国籍を乗り換えるなど当たり前のように行われるのです。

日本という恵まれた国に生きていると、国籍を移すことが非常識のように感じられるかもしれませんが、それは日本国籍を有するメリットがあまりにも大きいので、国籍を移す必要がないだけです。もし途上国の貧困層に自由に国籍を変える権利を与えたならば、全員ではないにしても、大多数は先進国の国籍を選びとるはずです。

ですから、**複数の国籍を自由にカスタマイズできる2050年の人々は、人生のステージに応じてメリットのある国籍を転々とするライフスタイルになっていることでしょう。**

まだ若くて健康な20代、30代は、医療や保険は手薄でも、とにかくビジネスサポートが手厚い国や税金が安い国を。中年以降は、ビジネスチャンスはそろそろ諦めて、手堅い商売ができる国を。もしくは、子育てを考えて教育に力を入れている国を。そして、高齢になったら医療福祉が充実している国を。多い人なら5ヵ国のパスポートを持っているということもありえます。

また、メリットに合わせて国籍を移すだけでなく、実際に移住するライフスタイルが一般化しているかもしれません。現在ですら、タイのバンコクなどはリタイアもしくはセミリタイアした日本人が多くいますし、2050年には、交通機関の発達で隣りの区に引っ越すくらいの感覚で世界各地を渡り歩くことができるでしょう。

先ほど荘園時代の例を出しましたが、日本の歴史では荘園時代に続くのは戦国時代。当時、武士たちは、より待遇のよい大名に登用されるべく各地を巡りました。同様に、2050年のビジネスパーソンは、自分を生かせる場を探して世界中を旅することが当たり前になっているかもしれません。

第3章

世界の支配者とは一体誰なのか？

未来の支配構造を理解する前に概観する

The future
expectation in 2050
Chapter 3

資本主義の変遷——君主制下における資本主義と民主主義

前章においては、巨大外資、つまり一握りの金融資本家が世界をますます牛耳る未来をお伝えしましたが、そもそも彼らは一体何者なのでしょうか？　そこでまず、現在はもちろん2050年の支配者たる金融資本家の歴史についてひも解いていきたいと思います。

資本主義は、その黎明期にあって、国王の権力と一体となっていました。中世ヨーロッパにおいて、地方領主からの寄進や戦争によって領土を拡大した王侯貴族は、その土地に出資し、労働者を働かせることで利益を得ます。これが資本主義の端緒であり、最大の資本家は国王自身だったのです。

ですから、原始的な資本主義において、資本主義が自国のサイズを超えることはありません。これは近代におけるイギリスやドイツ、日本といった立憲君主制下において、資本主義が民主主義とほぼ同一の枠内に収まっていたことを意味します。最大の資本家である君主のもとで、民主主義が敷かれていたわけですから、この時点においては、資本主義と民主主義は相反する存在とはなりえなかったのです。

日本を例にとれば、太平洋戦争終結まで天皇家が日本における最大の資本家だったことをご存知でしょうか？　戦後、連合国軍最高司令官総司令部（GHQ）は日本政府に皇室財産の詳細な報告を指示します。その文書の中で、天皇家のことを「the greatest of the "Money gang"」と表現しました（黒田久太著『天皇家の財産』三一書房刊）。GHQがマネーギャングと呼ぶほど、終戦前の天皇家は圧倒的資産を保有していたのです。

江戸時代末期、すでに形骸化していた皇室の財産は微々たるものでした。しかし、明治維新後、新政府はその財産の温存を図るべく、次々に天皇家へと移譲していきます。天皇家の持ち株は、日本銀行の資本金の半額分、横浜正金銀行（東京銀行）の資本金の3分の1、日本郵船への政府出資金のすべて、さらに佐渡金山、生野銀山、全国の官有林の大半など瞬く間に膨れ上がり、天皇家の所領は、日本国民全員が持つ土地とほぼ同じ広さとなりました。

その後、立て続けに勃発した日清、日露、日中戦争、そして太平洋戦争においても、三井、三菱、住友などの大財閥と連携した資産運用で資金を増大し、その最大額は国家予算に匹敵するほどだったといわれています。

戦後、ＧＨＱは「皇室そのものが旧財閥および東京電力と利益共同体であったことを示唆している」と報告しています。彼らが皇室を〝マネーギャング〟と表現したのは、戦争を通じて巨額の運用益を生み出していたからにほかなりません。

銀行が主役の金融資本の台頭

こうした原始的な資本主義の陰で、銀行家を中心とする金融資本は着々と勢力を拡大することになります。その嚆矢《こうし》となったのが、オリバー・クロムウェルによるイングランドの内戦です。クロムウェルといえば、１６４０年に絶対王政打倒に立ち上がり、その後の立憲君主制、議会制民主主義の礎を築いた人物として歴史に名を残しています。

クロムウェルの革命を精査していくと、そこに得体の知れない力が作用していることに気がつきます。クロムウェルが国王軍を打ち負かす原動力となったのは、反カトリック信徒による「鉄騎隊」とさまざまな階層の人々で構成された「ニューモデル軍」だと一般的には知られています。

ところが、ユダヤ人作家のアイザック・ディズレーリが１８５１年に上梓した『イングランド王チャールズ1世の生涯』によれば、3万人にもおよぶ傭兵部隊が別働隊として暗躍していたというのです。それほどの規模の傭兵を一介の地主であるクロムウェルが雇うことは不可能です。

では、資金はどこから提供されたのか？

その答えは、ヨーロッパの大銀行家でした。彼らの目的は、絶対王政の打倒でも民主主義の確立でもありません。**銀行家が投資をする理由は、今も昔もたったひとつです。それは、自らの資本を増大させるための利権の獲得です。**

クロムウェルの蜂起に端を発したイングランドの内戦は、彼に投資した銀行家の中でも中心的な役割を担ったオランダの総督であるウィレム3世（英語名：ウィリアム3世）による名誉革命に結びつきます。そして1694年、イングランド王位に就いたウィレム3世は、銀行家たちの真の狙いであったイングランド銀行の設立を実現させたのです。

イングランド銀行は、現在まで続くイギリスの中央銀行ですが、その実態は民間企業であり、資本金のうち20％をイングランド王家が保有する以外の80％は個人銀行家が独占しています。つまり、クロムウェルを支援し、内戦を勃発させたことで、銀行家たちはイギリスの通貨発行権を獲得することに成功したのです。

前述しましたように、通貨発行権とは単にお金を刷る権利ではありません。1万円札を1枚刷れば、原価の20円を差し引いた9980円を、国債として金利付きで政府に貸し付けることができるのです。あとは銀行家が戦争を仕掛け、戦費を膨らませれば、自動的に懐に利益が入ってくる仕組みになります。

また、イギリス政府が発行する国債を一手に引き受けることになるので、絶大な信用力を手にすることにもなります。中央銀行を押さえている以上、銀行家たちの財源はイギリス政府が担保しているのと同義だからです。

そして、こうした大銀行家が黒幕となった中央銀行の設立劇は、イギリスだけにとどまりません。1789年のフランス革命による絶対王政の打倒と1803年のフランス銀行の設立も、イングランド内戦と非常に酷似した経緯をたどっています。得体の知れない第三勢力による暴動、ニューモデル軍を彷彿させる義勇軍、そして元MI6諜報員の著述家ジョン・コールマン氏が指摘した資金提供者の存在。そこで名前の挙がったシェルバーン伯爵とは、イギリスフリーメーソンの有力一族で、ヨーロッパの金融業界に絶大な影響力を持っていたといわれています。

そして、彼ら大銀行家＝金融資本家の行動理念を象徴した出来事が、ほかでもない明治維新です。幕末から戊辰戦争にかけて、幕府軍はフランスの銀行からの融資を、倒幕軍はイギリスの銀行からの融資を受け、激しい内戦を繰り広げました。しかし、これまで述べてきたように、イギリス・フランス両国の銀行の株主はほぼ同一です。

金融資本家ビジネスの代表的な例が、1864年の下関戦争です。この講和交渉では、イギリス・アメリカ・フランス・オランダの4カ国が長州藩に対して300万ドルという賠償金を請求します。当時の300万ドルは200万両を超える額で、幕府の歳入が180万両ほどですから、現在の100兆円クラスの途方もない請求額です。もちろん長州藩には支払い能力がなく、幕府が肩代わりすることで決着しました。しかし、幕府といえども歳入額を超えるような金額を用意することはできません。

では、なぜそもそも4カ国は支払い不能な巨額賠償金を請求したのでしょうか？　それは、最初からフランスの銀行が幕府に融資するという絵が描かれていたからです。

こうして借金まみれにされながらも明治維新を成し遂げた日本で、1882年に日本銀行が設立されます。もちろん、イングランド銀行、フランス銀行と同様、半官半民の出資で設立されたわけですが、その〝半民〟の部分をヨーロッパの金融資本家が押さえたか否かはいまだに明らかにされていません。

⚙いまだ正体不明の日本銀行の株主

そうはいっても流石に現代では、コンプライアンス的に株主が明らかになっているのでは？　そう考える人は、金融資本主義の恐ろしさを見くびっています。

現在、日銀の株式は55％を政府が保有しており、残りの45％は民間が持っています。正確には、日銀は株式会社ではなく認可法人なので、「出資証券」という分類になります。ジャスダックにも上場されていますが、出資証券には議決権がなく、配当も制限されているのでたいした利益にもなりません。しかも、取引されているのは全体の5％程度と微々たるものです。

つまり、体裁的には公開企業という形を取り繕っているものの、民間分の45％を一体誰が保有しているのかは、ほとんど不明なのです。6％は金融機関などが保有していますが、残りの39％は「個人」という以外にまったく情報がありません。そして、恐るべきことに、この39％分に関しては一切持ち分が変動していないのです。

配当もなく、議決権もない株式を頑として握り続けているのは一体誰なのか？　真相はヤブの中ですが、答えは自ずと出ているはずです。

重要なので再度述べますが、通貨発行権を手中に収めるということは、政府がお金が必要になって国債を発行するたびに利子を得るということです。

言い換えれば、皆さんの銀行の口座や財布の中に入っているお金は、皆さんのものではありません。政府が日銀から借りてきて市場に供給しているお金ですから、すべてが日銀への借金ということになります。そして、皆さんが納めた税金で、政府はせっせと日銀に利子を払い続けている。これが、クロムウェルの時代から幾世紀もかけて金融資本家が確立した巨大利権の構造なのです。

原始的な資本主義において王家対王家の領土争いに過ぎなかった戦争は、中央銀行設立というターニングポイントを機に、王家対ヨーロッパの金融資本家の争いという性質に変化しました。その結果、金融資本家が勝利したことで、王族＝最大の資本家という構図は崩れ、資本主義と民主主義が友好的に共存していた時代は終焉しました。

国境を越え、通貨発行権を介して世界中から富を吸い上げるシステムが築かれてしまったがゆえに、格差は拡大し、民主主義とはほど遠い「一握りの金融資本家が世界を支配する時代」に移行してしまったのです。

金融資本による支配の到達点「ＦＲＢ」

世界各国の中央銀行が金融資本家の思惑によって設立され、国家や王族から通貨発行権を奪うことに成功した歴史にあって、その到達点ともいえるのがアメリカのＦＲＢ（連邦準備銀行）です。

ＦＲＢは、アメリカ政府から完全に独立した存在です。というのも、政府はＦＲＢの株式を一株も保有していません。**世界の基軸通貨であるドルの通貨発行権は、すでにアメリカ国家からは切り離されてしまっているのです。**

１９１３年のＦＲＢの設立が、ロックフェラー家、ロスチャイルド家、モルガン家といった巨大金融資本家によるものであることは歴史的事実です。１９１２年の大統領選挙では、ともに大統領経験者であるタフト、ルーズベルトという有力政治家をおさえ、民主党のウィルソンが勝利します。すると、ウィルソン大統領は、就任直後のクリスマス休暇中にＦＲＢ法案を議会に提出し、強引に通過させたのです。なぜ当選の見込みが薄かったウィルソンが大統領になれたのか？　それは金融資本家の後ろ盾があったからです。

トランプ政権も同じです。実際トランプ氏は国務長官をロックフェラー家のエクソンモービルから、財務長官と国家経済会議委員長を同じくロックフェラー家のゴールドマン・サックスから選びました。

しかし、このような経緯があっても、アメリカ国民はＦＲＢのことを国家機関だと信じています。いや、金融資本家たちが信じ込ませているといった方が正しいでしょう。彼らは巧妙に、ＦＲＢがいかにも公明正大な国家機関であるかのようにアピールします。例えば、民間の金融資本であるＪＰモルガン・チェースがＦＲＢに対して意見書を提出し、それをＦＲＢがチェックするというようなやり方です。

考えてみれば、ＦＲＢも民間組織ですから、民間が民間をチェックするというのはおかしな話です。しかし、国民はこうしたニュースを見て「ＦＲＢの方が偉い。ＦＲＢこそアメリカ国家である」と錯覚を起こします。実際には、ＦＲＢの株主もＪＰモルガン・チェースの株主も同じで、まったくの出来レースであることに国民は気付きません。金融業界はもちろん、金融資本の影響下にあるマスコミ、さらに御用学者によって「ＦＲＢは独立した存在である」という虚像を刷り込まれているのです。

これは日本において、日銀が独立した国家機関であると誤認されがちなことにも通じています。中央銀行の独立性については、経済学の常識とされ、多くの論文で理論武装されています。

しかし、その論文自体が銀行家が書かせたもの、ひいては経済学自体が銀行業を正当化するために金融資本家によって作り出されたものだということを忘れてはいけません。

御用学者がある特定の利益によって動いていることを、私たちは東日本大震災と福島の原発事故によって思い知ったはずです。金融資本家は、市井の人々に対する学者の権威というものを熟知しています。当然、金を惜しみなくばら撒き、自分たちに都合のよい論文を書かせ、政策を提唱させ、マスコミを通じて発言させます。なぜなら、学者の発言ほど「有名な先生が言っているのだから」と大衆を思考停止に陥らせるのに効果的な方法はないからです。ＦＲＢを設立したウィルソン大統領が、初の学者出身の大統領だったことは偶然ではありません。

さて、ＦＲＢに関して、もうひとつ面白い話をしておきましょう。１９４４年にブレトンウッズ協定が結ばれたことで、それまでの金本位制から新たにドルが基軸通貨として認められることになりました。その際に、ＦＲＢが莫大な金をヨーロッパに売り払い、巨額の利益を生み出したという話です。

まだ経済が金本位制であった頃に、銀行家であった私の父（元日本興業銀行常務）は、ケンタッキー州のアメリカ軍保有地、フォートノックスにあるFRBの金保管庫に入ったことがあるそうです。そこはまるでスパイ映画のワンシーンのような世界で、金庫が水中にあり、パスワードを入れると金庫への橋が浮かび上がってくる。そして、金庫の中に入れば、木棚に積まれた金の延べ棒が無数に並んでいたといいます。まさに世界中からかき集めたゴールドが、そこにはあったのです。

FRBがそこまで大量のゴールドを独占できた契機は、第一次、第二次の二度の世界大戦にあります。それまで金融資本の中心地であったロンドンが戦火の拡大によって機能停止に陥ると、代わって台頭してきたのがニューヨークのウォール・ストリート。金融資本家たちは、このウォール・ストリートを中心に金融市場を支配するための新たな枠組み作りに着手します。

BIS（国際決済銀行）は1930年に設立されました。BISは本部こそスイス・バーゼルに置かれていますが、設立委員会の委員長はゼネラル・エレクトリック（GE）会長であったオーウェン・D・ヤング、初代総裁にはロックフェラー系であるチェース・ナショナル銀行の元頭取でFRB総裁のゲーツ・W・マッギャラーが就任しました。つまり、完全にウォール・ストリート主導の組織ということです。

　BISは、表向きは第一次世界大戦におけるドイツの巨額賠償金の支払いを円滑化するために設立されましたが、その実態は連合国、同盟国の両陣営の資金決済を一手に引き受け、戦火と犠牲を金に換えるシステムの中心として生まれました。

　BIS設立と同時期に締結されたハーグ条約にこんな一文があります。

「ハーグ条約締結国のすべてに対し、戦時、平和時にかかわらず、金取引を制限してはならないと取り決めるとともにBISに預託された金はいかなる場合も没収できない」

　つまり、いったんBISに入ってしまったゴールドには、どんな大国の政府も手出しができなくなったのです。

　ここで、第二次世界大戦とはふたつの側面を持つ戦争であったことを理解しておいてください。まずひとつは、戦場で兵士たちが血を流し、命を落とした軍事的な側面。もうひとつは、ドイツが破綻すれば多額の損失をこうむることになる金融資本がドイツ経済の延命を図った経済的な側面です。この経済的な側面を担ったのがBISです。

「国際決済銀行は第二次世界大戦中、敵対する連合国と枢軸国のきわめてハイレベルの代表が公然と協力し合う場でもあった。敵味方の立場を越え、緊密な関係にあったのは、各国の通貨・金融政策を担う中央銀行総裁である。もちろん、このことはそれぞれの陣営を代表するヒトラー総統、米国のルーズヴェルト大統領、そして英国のチャーチル首相も承知の上であった」（ジャン・トレップ著『国際決済銀行の戦争責任』日本経済評論社刊）

このような状況下でBISが行ったのは、まさにドイツの戦争犯罪の片棒をかつぐ行為でした。BISはドイツから運び込まれるゴールドを、その出どころを問わず受け入れています。例えば、フランス占領中には約1トンのナポレオン金貨が運び込まれ、同様にデンマーク占領中には8トンの金貨が、ハンガリー占領中には2トンの金貨が運び込まれました。

さらに、BISでは証拠隠滅のために鋳造所で金貨を鋳直し、スイスの検品マーク付きの金の延べ棒に変えることまで行っています。恐るべきことに、その金の延べ棒の中には、アウシュビッツのユダヤ人収容者から奪った金の入れ歯や指輪も含まれていたことが戦後の調査で判明しています。

それだけではなく、ドイツの軍需物資調達の決済も行っていたBISには、戦争の犠牲と引き換えに大量のゴールドが集まることになりました。金融資本家というのは、戦争での自国の勝利や国民の命よりも、ただひたらす利益のみを追求する存在なのです。

こうしてＢＩＳを介してかき集められたゴールドはＦＲＢのあるフォートノックスへと運び込まれ、ＦＲＢの権限は国家を超越していきます。なぜなら、金本位制にあっては政府がマネーサプライ（通貨供給量）を増やそうと思っても、現在のように信用力が担保にならず、まず原資となるゴールドが必要になるからです。

こうした事態を打開すべくブレトンウッズ体制を目指したのが、アメリカ32代大統領のフランクリン・ルーズベルトと財務長官のヘンリー・モーゲンソーJr.でした。

１９３３年、ルーズベルトは大統領に就任するや否や、金兌換を停止し、さらには投資銀行と商業銀行を切り離すグラス・スティーガル法を制定して、金融資本家の勢力を削ぎにかかります。そして、ブレトンウッズ会議においてはＢＩＳのナチスへの協力を指摘します。イギリス代表であった経済学者ケインズを味方につけたルーズベルトは、ついにＢＩＳの解体に成功。金本位からドルを基軸通貨としたブレトンウッズ体制＝ＩＭＦ（国際通貨基金）体制への移行、世界銀行の設立が成し遂げられたのです。

銀行から投資銀行へ――金融資本のさらなる膨張

ＩＭＦ体制において金とドルの交換率は金1オンスにつき35ドルに固定されました。金本位制下において、アメリカ国民から20ドルで買い取りかき集めた分とＢＩＳを利用してヨーロッパからかき集めた分を合計すると、当時フォートノックスにあるＦＲＢの金保管庫には世界の7割のゴールドが収められていたとさえいわれます。

ブレトンウッズ会議後に金本位制が崩壊すると、ＦＲＢはそのゴールドをすべてヨーロッパに売り払ってしまったようです。つまり、1オンス20ドルでアメリカ国民から買い取ったゴールドを、勝手に35ドルでヨーロッパに売り払ったのです。その後、ゴールドの価値は高騰を続け、2011年には過去最高値となる1オンス1923ドルを記録しました。ＦＲＢにゴールドを徴収されたアメリカ国民は、結果的に大損害をこうむったわけです。

表向きには今でもフォートノックスにゴールドが収められていることになっています。けれども、1980年代、アメリカ政府が金をまったく持っていないことを知ったレーガン大統領がゴールドミッションを発令してＦＲＢを監査しようとしますが、ＦＲＢはこれを拒絶します。

フォートノックスに現在金はありませんが、それで金融資本家が没落したかといえば、そうではありません。というのも、ＦＲＢのゴールドは、ヨーロッパに移動しただけです。

言い換えれば保管場所が変わっただけで、金融資本という大枠で見れば、依然として世界のほとんどのゴールドを金融資本家が独占しています。しかも、ＩＭＦ体制で1オンス35ドルだったゴールドは、50倍にも値上がりしていますから、全体で見れば金融資本家の資産が膨張しただけのことです。

ルーズベルトが金融資本家の力を削ぐために敷いたブレトンウッズ体制は、１９７１年のニクソン・ショックにより崩壊します。ドルの国外流出を阻止するため、ドルを金に兌換することを一時やめると宣言したのです。世界は変動相場性に舵を切ります。その後、固定相場制を維持しようとしたスミソニアン体制もほどなく瓦解し、１９７３年世界は変動相場制へと移行して現在に至ります。

そして、同年にシカゴで個別株オプション取引所が設立されると、金融資本家はその勢力を飛躍的に増大させることとなりました。というのも、このオプション取引所を契機として、世界で本格的にデリバティブ（金融派生商品）の取引が始まったからです。

デリバティブの起源をたどると、紀元前4世紀、古代ギリシャにおいてすでに始まっていたことが確認されます。

アリストテレスの著書『政治学』の中には、哲学者ターレスがオリーブ絞り機を借りる権利で大儲けする話が登場します。天文学者でもあったターレスは、翌年のオリーブ豊作を見越して、あらかじめオリーブ絞り機を格安の手付金で独占し、それを翌年に高値で売りさばいたのです。

このように長い歴史を持つデリバティブですが、大規模で組織的な取引となると、シカゴのオプション取引所が世界史上初でした。では、なぜデリバティブが金融資本家の勢力を増大させたのか？

デリバティブとは、オプションや先物、フォワード、スワップのことで、株式や債権、金利や為替などの金融商品とは性格が異なります。その開発には高度な金融工学が不可欠で、逆にいえば、数式さえいじれれば元本である資産の何十倍、何百倍もの利益を生み出せる打出の小槌のような商品なのです。

これまで見てきたように、金本位制にあっては、資本を増大させる手段はゴールドという現物によって物理的に制約を受けていました。

それが株式や為替といった金融商品に移行し、さらにデリバティブの登場によって、金融資本家はついに現実世界にまったく縛られず、バーチャルな世界で資本を増大させることが可能となったのです。

そして、このデリバティブを扱うのは、長らく世界を牛耳ってきた銀行ではなく、証券会社です。アメリカにおいては、ルーズベルトが銀行家を叩くために制定したグラス・スティーガル法によって銀行と証券会社の分離が図られ、結果的に証券会社の成長が促されることになりました。証券会社は投資銀行となり、デリバティブによって巨万の富を握ります。

ちなみに、アメリカの投資銀行によるデリバティブの取引額は、すでに京《けい》をはるかに超えています。勘違いしないように念を押しておきますが、円ではなく、ドルです。その額は、全世界のGDPの合計の数倍にあたります。

世界を支配する鍵である通貨発行権は依然として銀行が握っているとしても、これだけの資本を有する投資銀行は、すでに通貨発行権者と同等、もしくはそれ以上の影響力を持っているといっても過言ではありません。

つまり、**世界の支配者を巡る争いは、国家と銀行の争いというフェーズはすでに終わり、現在は銀行と投資銀行の争い、金融資本家同士による覇権争いというフェーズに突入しているのです。**

その一例が、2016年に漏えいして問題となった「パナマ文書」です。

パナマ文書には、ドイツ銀行、ＨＳＢＣ（香港上海銀行を中心とするグループ）、ソシエテ・ジェネラル（フランスのメガバンク）、クレディ・スイス（スイスに本拠を置く金融コングロマリット）、ＵＢＳ（スイスに本拠を置く金融持株会社）、コメルツ銀行（ドイツのメガバンク）などヨーロッパの大手金融機関が脱税行為に関与していることが記されており、各機関の信用力に大きな傷を残しました。しかし、本来であるなら、世界の支配者であるメガバンクのスキャンダルなど漏えいするはずがありません。一体、誰が漏らしたのか？

パナマ文書の漏えいは、２０１５年、ドイツを代表する南ドイツ新聞に匿名で送られてきたことに端を発します。南ドイツ新聞の陰のオーナーは、アメリカの大手投資銀行ゴールドマン・サックスです。これについては、ロシアのプーチン大統領が指摘したにもかかわらず、後に撤回、謝罪を迫られることになりました。いかにプーチン大統領といえども逆らえないほど、アメリカの投資銀行の力は絶大なのです。実際、パナマ文書はゴールドマン・サックスの指示によってリークされたとみて間違いないでしょう。

ゴールドマン・サックスはロックフェラー家次期当主のジェイ・ロックフェラーの会社です。そしてトランプ大統領が、財務長官と国家経済会議委員長をゴールドマン・サックスから迎えたことはすでに書いた通りです。

つまり、**パナマ文書はアメリカの投資銀行からヨーロッパや中国の金融資本家へ向けた警告だったわけです。**「彼らの銀行にお金を預けていると脱税で捕まるリスクがあります。ですから、資産はアメリカの投資銀行で運用した方が安全ですよ」というメッセージです。

これは、JPモルガン・チェース銀行のデビット・ロックフェラーからゴールドマン・サックスのジェイ・ロックフェラーにロックフェラー家の権限が移行したことも表わしています。

そして、こうした投資銀行による銀行への攻撃は、イギリスのEU離脱においても、明確に読み取ることができます。

イギリスのEU離脱から見える日本の未来——世界統一政府が握る実権

イギリスのEU離脱は失敗だったという風潮があります。ニュースでも、離脱によって世界中で約200兆円の資産が一瞬で吹き飛んだと騒ぎ立てられました。EU議会では、離脱賛成派の議員が袋叩きにあい、胸倉を掴まれるほどでした。

しかし、そこまで悪者になるようなことを、なぜイギリス国民は選択したのでしょうか？冷静に事態を観察すると、別の側面が見えてきます。

そもそもイギリスは、EU加盟国でありながら、加盟国に必要な協定を結んではいません。その協定とは、ひとつが通貨を統一する通貨協定であり、イギリスはユーロを導入していませんでした。もうひとつはシェンゲン協定という、域内を自由に出入国できる協定です。つまり、もともとEU加盟国であるかどうか怪しいレベルの希薄な関係だったのです。

ところが、税制を含めた政策面でEU議会のいいなりとなり、毎年約2兆円の拠出金を巻き上げられ、今度は移民・難民まで押しつけられそうになった。国民にはデメリットしか感じられないEU加盟にイギリス国民が反発するのは当然で、国民投票において離脱が採択されたこと自体は何らおかしくありません。実際はEU加盟にも大きなメリットは主場（ホーム）アクセスという意味ではあったのですが。

にもかかわらず、離脱決定直後から激しいイギリスバッシングが始まります。「世界経済の危機」というキャンペーンが張られ、アメリカ格付け機関はイギリス国債の格付けを引き下げます。ポンドやユーロが大量に売りさばかれ、それに動揺した機関投資家が株を手放したことで株価は急落し、「ほらみろ、やっぱりイギリスが悪いじゃないか！」というムードが醸成されたのです。これは巧妙に仕掛けられたワナです。

もうお気づきの方もいらっしゃるとは思いますが、イギリスがＥＵを離脱したから経済危機が生じたのではありません。むしろ、イギリスが離脱するのは当たり前の話です。経済危機の本当の原因は、イギリスを悪者に仕立て上げたい特定の勢力が、意図的にポンド・ユーロを大量に売りさばいたからです。その勢力とは、莫大な資本を背景に市場をコントロールできる投資銀行にほかなりません。

グラス・スティーガル法によって銀行から証券会社（＝投資銀行）が分離したアメリカに対し、イギリスは現在でも伝統的に銀行の勢力が上回っています。いわば**銀行対投資銀行という金融資本同士の争いにおける、銀行軍の本丸がイギリスなのです。**だからこそ、アメリカのウォール・ストリートの投資銀行軍はＥＵを通じてイギリスに無理難題を押し付けることで国力を削ぎ、いざ離脱となれば一気呵成にネガティブキャンペーンで攻め落とす用意周到な作戦を実行したのです。

同様の作戦は、ウクライナを巡る紛争でも行われています。

２０１４年、ＥＵ統合派によるクーデターによって、ウクライナで13人の警官を含む82

人が死亡し、1100人以上が負傷する事件が起こりました。これによりヤヌコビッチ大統領は追放され、親米のポロシェンコ政権が樹立されました。表向きは「汚職にまみれた政権を国民が打倒した」という美化された物語に仕立て上げられましたが、後にオバマ大統領は「アメリカはウクライナにおける権力の移行をやり遂げた」と語りました。自国のオペレーション、つまりCIAが仕掛けたクーデターであったことを認めています。

これに焦ったロシアは、軍事上の要衝であるクリミア半島を守るべく、住民投票によって中東・インド洋のロシア軍事拠点である黒海艦隊基地を取り返します。ところが、このロシアの動きを欧米政府、マスメディアは激しく非難し、G8除名、経済制裁など立て続けに攻撃を加えました。

しかし、冷静に考えるまでもなく、武力によるクーデターを仕掛けたアメリカと、住民投票によってクリミア半島を取り戻したロシアのどちらのやり方が民主的かというのは、国際世論を差し引いても、ロシアに分《ぶ》があります。にもかかわらずロシアが一方的に悪役にされたのは、ロシアが世界最大の国土と資源を有し、ルーブルという独自通貨によって欧米の金融資本にくみさない国だからです。

デリバティブによって無限ともいえる資本を錬金する投資銀行は、国家や銀行勢力を駆逐し、新たな世界の支配者の座を手に入れました。**ウォール・ストリートのほんの数百人の人間が、全世界のGDPの何倍もの経済を動かし、「金儲け」というたったひとつのロジックが支配する「世界統一政府」を創造しているのです。**そして、彼らの意向に添わない国家や勢力は、イギリスやロシア、パナマ文書で叩かれた銀行のように、徹底的に攻撃され潰されます。

これは決して対岸の火事ではありません。日本においても世界統一政府によるオペレーションはすでに始まっています。それがTPPです。

圧倒的に外資に有利なTPPを受け入れることは、日本が彼らの支配下に置かれることを意味します。かといって、これを拒絶すれば、猛烈なバッシングが展開されるのは間違いありません。この状況、どこかで見たことがあるはずです。そう、無理難題を押し付けられた挙句、EUを離脱した途端に袋叩きにあっているイギリスとまったく同じです。

現時点（2017年1月）において、トランプ氏はTPPに反対であるため、アメリカは承認しないでしょう。トランプ氏の票田はTPPで痛むアメリカの農家や工場労働者だからです。しかしながら、**TPPのコアであるグローバル資本主義はFTAなどの形で10年以内に復活します。**

では、そうしたグローバル資本主義的発想がどれほど恐ろしいものであるか、ここからその危険すぎるシナリオを明らかにしていきましょう。

今後も国家主権を超越するルールが作られ続ける

TPP（環太平洋戦略的パートナーシップ協定もしくは環太平洋パートナーシップ協定）はトランプ氏が自由貿易反対の立場であり、アメリカは承認しないことが明らかです。ただ、**TPPの本質は自由貿易ではなく、多国籍企業による日本経済の支配であり、これはトランプ氏も形を変えて推進します。**ですから、ここではTPPの条文の中で自由貿易と関係なく、今後日本に押し付けられる可能性のある条項のみについて考察します。

TPPの本質を理解するには、IOC（国際オリンピック委員会）について知ることが役に立ちます。というのも、国際的スポーツイベントに関わるIOCやFIFAなどの組織は、すでに国際金融資本の影響下にあるので、権力構造や支配構造が同じだからです。

皆さんはIOCの委員がどのようなプロセスで選出されているかご存知でしょうか？世界最大の国際的スポーツイベントを統括するわけですから、さぞ民主的・平和的な方法で選出されているはずと思い込んではいませんか？　これはまったくの勘違いで、実際はごく一部の人々による密室談合によって決定します。ＩＯＣの傘下ともいえる各国際競技団体も同様で、民主的な投票によって理事や委員が選出されたという例はありません。

そして、民主的に選ばれたわけでもない委員が、オリンピック競技の採用・廃止の決定、各競技の国際ルールの変更などに、絶大な権力を奮うわけです。そして、その振る舞いに疑義を呈する人がいようものなら、彼らは決まってこう口にします。

「世界統一ルールなのだから、フェアである」

しかし、本当にフェアでしょうか？　日本は柔道の母国として毎回メダルを獲得していますが、やはり重量級では体格に勝るヨーロッパの選手に分が悪く、苦戦を強いられています。逆に、体格的なハンデの少ない軽量級ではコンスタントに金メダリストを輩出しています。ここで仮にＩＯＣが「柔道は無差別級のみにする」と決定したらどうでしょう？

おそらく欧米諸国が勢力を伸ばし、一方で日本も強豪国であり続けるでしょうが、確実にランキングを落とします。特に、軽量級で個性を発揮してきた選手はまったく活躍できなくなり、彼らにとっては完全に「アンフェア」なルール変更となるでしょう。しかし、これも「世界統一ルール」というＩＯＣのロジックにおいては「フェア」ということになります。

実際にここまで極端なルール変更はありませんが、細かな部分では、こうした「世界統一ルール」を振りかざしてアンフェアな状況を作り出すルール変更がたびたび行われています。柔道のルールが日本に不利な形でどんどん変えられてきたことは事実です。

このように「世界統一ルール」とは決して「フェア」を意味するものではなく、その文言が出てきた瞬間に「ある特定の勢力が権力を振るおうとしているのではないか？」と疑うことが必要です。

ここでＴＰＰに代表されるグローバル経済化に話を戻すと、その内容はまさに「世界統一ルールを作ろう」というものです。しかも、多くの人はＴＰＰが経済に関する条約と思い込んでいますが、とんでもありません。経済を中心に、その影響力は法律や政治にまで、つまり社会全体に広がっています。さきほど柔道の例を出しましたが、それこそ階級制を廃止して無差別級に統一するくらいの破壊力を持っています。

まず代表的な条文を挙げて、その破壊力を知ってもらいましょう。ＴＰＰ第9章にこんな恐ろしい条文があります。

第9章　競争政策
第2条　競争法令及び権利行使
1、各締約国は経済効率及び消費者の福祉を促進する目的で反競争的な商活動を禁止する競争法令を採用又は維持する

日本語訳では「維持する」と書かれていますが、原文のニュアンスは少し違います。原文では「maintain」となっており、よく使われる「メンテナンス」のこと。ということは、正確に訳すのであれば、「維持する」ではなく「不具合があったら修正する」といった方が正しいでしょう。つまり、「競争法令を採用又は維持する」ではなく「採用又は修正する」のです。言い換えれば、「TPPに反するような法律があったら、新しい法律を作るか今ある法律を修正しなさい」ということです。

仮にTPPで日本経済が深刻なダメージを受け、国会で挽回するための法律を作ったとしましょう。すると直ちに締結国から「TPPに反するので修正してください」とクレームがつく。これでは立法権が完全に奪われたも同然です。

このように**TPPは、国家主権すら超越する力を持っています。**

今後グローバル経済的な発想の条約は、単なる貿易という枠組みを越え、知らぬ間にますます国家や国民主権を奪い去る内容になっていくでしょう。

私たちはそうした本質を見極める必要があるのです。

このままでは99%の人が不幸になる未来が到来する

さきほど日本の立法権が奪われると述べましたが、その魔の手は司法権にも伸びています。仮にTPPに違反していると訴えられた場合、ISDS条項にのっとり訴訟が行われます。このISDS条項は「Investor-State Dispute Settlement」の略で、企業が相手国政府の規制等で不利益を被った場合、ワシントンDCにある世界銀行傘下のICSID（投資紛争解決国際センター）に訴えることができるというものです。

そうなれば、日本の法律も裁判所も一切関係ありません。しかも、アメリカの巨額訴訟のニュースを見たことがあると思いますが、賠償請求額、訴訟費用ともに日本とはけた違いの高額訴訟となるのです。実は、かつて私も国際弁護士資格を持つ弁護士を雇って3000万円の訴訟を戦ったことがあります。その時は勝つことだけを目的に費用度外視で戦い抜きましたが、最終的に弁護士費用は3億円にのぼりました。

ここでより具体的なイメージとして、TPP同様にISDS条項が取り入れられているNAFTA（北米自由貿易協定）の例をいくつかご紹介しましょう。

2008年、アメリカ資本の紙パルプ会社Abitibi Bowater社がカナダ・ニューファンドランド州にある工場を閉鎖しました。その後、工場跡地を接収した州政府は、その土地を水源と森林伐採地としました。ところが、その直後です。Abitibi Bowater社は「工場を閉鎖していなかったら、水源地や森林伐採地として利益が出たはずで、その機会を逃したから保障すべき」と州政府に対して約150億円の賠償請求を行ったのです。

工場跡地を水源と森林伐採地として整備するのは州政府で、Abitibi Bowater社はその事業にはまったく関わっていません。何を根拠にそんな請求ができるのかと呆れてしまいますが、驚くべきことにICSIDではAbitibi Bowater社が勝訴しました。

また、アメリカのエネルギー企業のMesaPower Group社は、カナダ・オンタリオ州のグリーン・エネルギー法が地元企業に有利な政府補助金を支給しているとして930億円の賠償請求を行っています。TPPには「内国民待遇」という「相手国の人や企業を自国と同様に扱わなければならない義務」が盛り込まれており、政府が補助金を自国企業に出すことさえ、条約違反とされる可能性があります。

さらに、カナダ資本のエネルギー会社であるLone Pine社は、シェールガス開発で使用していた水圧破壊法が環境アセスメントに悪影響を与えるとして、カナダの裁判所を通じて操業中断を命じられたことに対し、アメリカの子会社経由でカナダ政府に300億円の賠償請求を行いました。この事案のポイントは、2つあります。まず、カナダの司法による判決を無視していること。そして、外国の子会社を通せば、自国政府に対しても訴訟を起こせるということ。こうなると、もはや何でもありです。

トランプ政権はTPPではなく2カ国間FTAを要求してくるでしょう。FTAであっても、ISDS条項によって日本は確実に訴訟の嵐に巻き込まれます。NAFTAでは、すでに1件で1兆円規模の賠償請求も行われていますから、より経済規模の大きい日本となれば1件で10兆円クラスの賠償を吹っかけられてもおかしくありません。そして、**何より恐ろしいのは日本政府がアメリカ企業に訴えられた場合、いかに理不尽な賠償請求であっても、かなりの確率で敗訴することが見込まれることです。**なぜなら、裁判を行うICSID自体がアメリカの支配下にあるからです。

ICSIDでの紛争解決においては、当事国から1名ずつ、さらに中立的立場にある者として世界銀行総裁から3人目を指名することになっています。しかし、その中立的立場にあるはずの世界銀行総裁は、全員アメリカ出身者という暗黙の了解があります。加えて、世界銀行への出資率はアメリカが1位。つまり、ICSID訴訟でアメリカが絡んだ場合は、2対1で必ずアメリカが勝つように仕組まれているのです。

そして、国家主権における最後の砦である行政権も危機に晒されます。TPP第11章第21条には、こう書かれています。

これは日米FTAでも間違いなく入れられるでしょう。

> 第11章第21条　政府調達における電子的通信手段利用の奨励
> 1、これらの締結国は、政府調達を、インターネット乃至はそれに準ずる様な手段で、入札の機会を提供しなければならない

この条文を一言でいえば、「あらゆる政府調達を外国から公開入札できるようにせよ」ということです。つまり、**日本の公共事業、医療、郵政、警察、防衛、年金、社会福祉などすべてに、外国企業が自由に入札できることを保証しなくてはならないのです。**そうなれば、資金力にものをいわせる国際金融資本の独壇場となることは想像に難くありません。

さらに、別項目では「域内での労働者のビザなし就労を認めよ」という条項があり、国際金融資本が元請けした公共事業に、賃金の安い南米や東南アジアの労働者が従事するという事態が容易に想定できます。

極端な話、外国人でもお金を払えば警察官になれる時代がやってきます。NAFTA加盟国であるメキシコでは、警察の中心組織は国営であるものの、末端は民営化されており、マフィアであろうと入札して組織権を握ることができます。メキシコにおけるマフィアの専横ぶりは、ニュースなどで一度は目にしたことがあるでしょう。

それと同じことが、日本で起こる可能性があります。例えば、火事で119番通報すると、駆けつけた外国人の消防隊員が「まず火災保険の証書を見せてくれ。消火はそれからだ」などと言ってくるかもしれません。これは冗談ではなく、利益のみを追求する金融資本主義の本質を理解していれば、当然起こるべくして起こる未来です。

このように**表向きは自由でフェアであるとされる「世界統一ルール・グローバル経済主義」によって、締結国は立法、司法、行政権を蹂躙《じゅうりん》され、国家主権を奪い取られていきます。**そんななか、TPPやFTAなどのグローバル経済条約によって利益を得る人々とは、一体誰でしょうか？「そんなものは決まっている。アメリカだ！」と思っている人もいるでしょう。ですが、それは大きな勘違いです。他の締結国同様、アメリカ国民の99％は打撃を受けることになります。なぜなら、ＩＳＤＳ条項で守られるのはアメリカ国民ではなく、一部のアメリカ企業に過ぎないからです。一般のアメリカ人は今以上に低賃金、高金利で悩むことになるだけです。

それでも「アメリカ資本の多国籍企業が儲かれば、アメリカは潤うのでは？」と考える人もいるかもしれません。しかし、それは多国籍企業の恐ろしさを侮った考えです。

２０１５年11月、アイルランドの製薬会社アラガンがファイザー製薬を買収し、売上げ６兆円にのぼる製薬業界世界１位の巨大企業が誕生するとの計画が発表されました。ここまでは単なる企業合併・買収の話ですが、その中身は非常に悪質なものです。

買収予定時の時価総額は、ファイザー製薬が25兆円でアラガンが15兆円。つまり、時価総額が高いファイザー製薬の方がアラガンに買収されるという、一見不可解なこのニュースには裏がありました。当時、ファイザー製薬は未払いの税金を９兆円も抱えており、アメリカ内国歳入庁とトラブルになっていました。そこで、アラガンに吸収合併される形で課税逃れを画策したのです。

ストーリーはこうです。アラガンは直後に社名をファイザー製薬に変え、株式交換によって旧ファイザー製薬の株主は、そのまま新ファイザー製薬の支配株主となりました。つまり、結果的にはアメリカ企業からアイルランド企業にすり替わっただけ。そして、この悪質な買収劇により、ファイザー製薬は未納分の9兆円と課税予定分の1兆円の合計10兆円をまんまと手に入れようとしたのです。その10兆円は、再び利権を得るための政界工作費やメディアをコントロールするための広告費として投入されたかもしれません。圧倒的な資本によって利権を確立し、安価な労働力を投入した品質度外視の商売で儲け、最後は海外に逃走して税金すら払わない。これが巨大多国籍企業の真の姿です。

このファイザー製薬による買収劇は、流石にアメリカ国内で問題となり、批判が集中して2016年4月に断念せざるを得ませんでした。しかし、このように〝法の抜け穴〟を悪用した金儲け至上主義による蛮行は、これからも激しくなっていくことが予想されます。

現に、ファイザー製薬の合併発表を担当したのが、オバマ大統領の最大の経済的支援者であるシティ・バンク元副会長ルイ・サスマン氏の長女であったことを忘れてはいけません。ウォール・ストリートの金融資本家が牛耳る多国籍企業の行動理念は、自分たちの利潤の追求のみであり、彼らが儲けるための枠組み作りがＴＰＰで代表されるグローバル経済主義というわけです。

このような条約がTPP以外の形であっても締結されれば、域内はファイザー製薬のような多国籍企業の独壇場となり、1%の金融資本家が幸福になる代わりに、日本だろうとアメリカだろうと国を問わず99%の人々は不幸になります。

そして、域内の国々の国家主権すら奪い取った先に見据えるのは、国際金融資本家による世界統一政府の樹立。これが彼らの本当の目的なのです。

未来の政治においても、資本主義対民主主義の戦いは続く

このような明らかに日本に向けた金融資本主義によるアタックですが、日本がターゲットとなる理由は、その巨大な経済規模だけではありません。**日本社会の根幹をなす独自の民主主義を破壊しようとしているのです。**

では、金融資本主義が目の敵にする日本独自の民主主義とは何か？　それを理解するためには、キューバとアメリカの違いを比較することが役立ちます。

2015年に54年ぶりに国交がかなりの部分、正常化した両国とはいえ、ここまで関係が冷え切っていたのは、冷戦という安全保障上の問題だけではありません。より本質的な

問題は、キューバの社会主義とアメリカの資本主義が完全に相反するシステムだということです。

社会主義と資本主義がもっともかけ離れている点は、医療と教育にあります。社会主義においては、衣食住、そして医療と教育が事実上無料で提供されますが、もっとも重要なのがこの医療と教育です。というのも、衣服費、食費、住居費といった費用は、資本主義下においても複数の人でシェアすることで補うことができますが、医療費と教育費だけは絶対的に個別にそれぞれの個人に投じなければなりません。

具体的に説明すると、同じ金額で2人分の食事を3人分の食事にするにはちょっと贅沢をやめればすむことです。衣服は着回せばいいし、住居に関しても4人家族が5人家族になったところで少し窮屈になるくらいのもの。つまり、たとえサービスが有料であってもなんとかやり繰りできる分野であり、資本主義との決定的な差異を生み出すものではありません。

一方、1人分の教育費や医療費を2人でシェアするということは不可能です。もし1人分の費用しか捻出できなかった場合、「1人が勉強したらもう1人は勉強しなくていい」「1人健康なら1人死んでもいい」ということになり、基本的人権の蹂躙を意味します。しかし、それを事もなげに実行できるのが資本主義であり、その点で社会主義と決定的に袂を分かつのです。

では、皆さんに質問です。日本の社会はキューバとアメリカ、どちらに近いのでしょう？「同じ資本主義で民主主義国なんだから、アメリカに決まっているだろう」

大多数の日本人は、こう答えるでしょう。しかし、アメリカ人に質問した場合、答えはまったく逆になります。

日本では国民皆保険のもと、アメリカとは比較にならないほど安価にすべての人が医療福祉サービスを享受することができます。アメリカ人にとってはタダ同然のようなものです。また教育に関しても、学費が高い早稲田や慶應などの私立大学を差し置いて、国立の東京大学が最高峰である日本は、アメリカ人には理解しがたい状況です。ハーバード大学よりもはるかに学費の安い公立の大学が優秀という事態は、決してあってはならないことなのです。

アメリカ人にしてみれば、「せっかく稼いだ金を、貧乏人の教育や医療に使うなんて不公平だ」というわけです。これが資本主義の姿であり、その意味で日本はキューバの社会主義に近い国家だとアメリカ人は考えているのです。

そもそもアメリカ人にとっての民主主義とは、選挙の話です。資本主義下においては、すべてのサービスに格差が生じる。それは仕方のないことだけれど、投票権だけは、一票の重みだけは平等に与えられている。

つまり、民主的要素がすべて投票行動に集約されているのです。翻《ひるがえ》って日本の選挙は、そこまでの重みを持っているとはいえません。1年に数回、数日だけの儀礼的行為で、選挙結果にかかわらず、国民は明日からも基本的人権を保障され、最低限の生活を送れると信じている。そして、それこそが民主主義国家だと日本人は考えています。しかし、そうした社会や国民意識のことを、アメリカでは社会主義と呼ぶのです。

日本に近い社会主義国のキューバは、アメリカとの国交がかなり正常化したことで、これから重大な危機に立たされようとしています。均質で無償の医療と教育を提供してきた医師や教師は、アメリカに渡れば何十倍もの収入を得ることができます。月収15ドルという世界が、一気に月収1万5000ドルになるわけです。このままいけば人材流出によって現場は混乱し、やがて医療と教育の無償提供という社会主義の要諦が崩壊することでしょう。

もちろん、主たるアメリカのターゲットは日本です。

今後TPP的な発想を持った条約や協定は2050年にわたって作られ続けるでしょう。その時、TPPでも問題になった次のようなことが条約に盛り込まれるのは間違いありません。

国民皆保険は即座にISDS条項の対象となり、100％日本政府が負けます。社会保障費予算32兆円のうち医療費予算9兆円は外資系医療法人に奪われ、GPIF（年金積立金管理運用独立行政法人）が運用する約140兆円の年金積立金にも今以上に外資の手が伸びるでしょう。あらゆる公共サービスは、お金を払わなければ享受できなくなり、義務教育すら有料化する可能性もあります。

このように金融資本はTPP的なワナを今後も仕掛け続けてきます。これは国家主権の危機であるだけでなく、民主主義の危機でもあるわけです。ですから、**今後2050年に向けたひとつの形は、「超巨大外資による金融資本主義と民主主義の戦いである」と肝に銘じなければなりません。**

金融資本家によるバイオパワーの創造

こうしたさまざまなワナによって、日本が事実上、金融資本家の支配下に置かれれば、政府予算200兆円と国民資産1700兆円が彼らの手に落ちることになります。皆さんの預金先は見た目は変わりませんが、金融資本家にとってみれば、間接的な支配により、この1900兆円の元本を自分たちの支配下におけばよいのです。それさえできれば、金融工学を駆使したデリバティブによって、数十、数百倍の資本を形成することが可能となり、圧倒的な資金力で日本企業を買収し、国土を買いあさっていくのです。

これは、かつて中南米においてヨーロッパ帝国主義が行った世界史に悪名を轟かす暴挙と同じです。帝国主義の侵略者が何をしたかというと、先住民から土地を奪い取り、そこに投資して資本を築き上げ、「俺が資本家で支配者だ」と先住民を農奴として奴隷労働に従事させたのです。先住民が「もともと私の土地ですが」といっても、彼らには通じません。

同じことが皆さんの金融資産1700兆円で起きます。皆さんの元本なのに、それでデリバティブが組まれ、日本が買い取られます。

これで民主主義は徹底的に破壊され、それを取り戻すのに私たちは何百年という歴史を必要とするでしょう。もしかしたら、二度と民主主義の世界に戻れないかもしれません。

この未曾有の危機に直面して、私は常にTPP反対を唱え続けてきました。ところが、ほとんどのメディアはTPPの本質について議論、報道することを放棄してきて、あまつさえ「TPPは日本に有利」などと馬鹿げたことを主張しさえしてきました。それゆえ、日本国民のグローバル資本主義に対する危機意識は非常に希薄なままです。これは一体どういうことでしょう?

答えは、**この国民が思考停止している状況そのものが、金融資本家の戦略によって作られたものだということです。**

ここでフランスの哲学者ミシェル・フーコーが『監獄の誕生——監視と処罰』(新潮社刊)において提唱した「バイオパワー(生権力)」という概念について説明しておきましょう。フーコーはバイオパワーを論じるにあたって、イギリスの功利主義者ベンサムが考案した「パノプティコン」と呼ばれる刑務所の設計構想を取り上げています。

パノプティコンは、中央に囚人を見張るための監視塔があり、その周囲を取り囲むように囚人の部屋が配置された「全展望監視システム」です。看守は中央の監視塔にいながら、

■パノプティコン

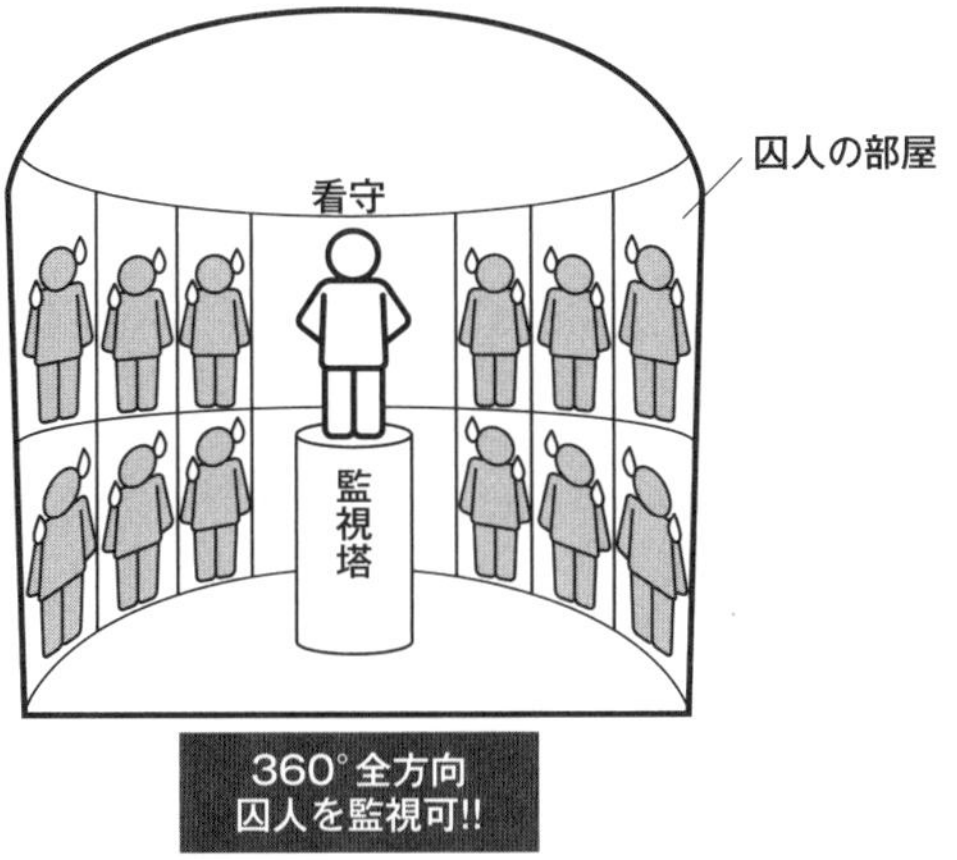

３６０度漏れなく囚人を監視できるという非常に効率的な構造になっています。しかし、パノプティコンの本当の狙いは、監視の効率化ではありません。

パノプティコンの恐ろしさは、「囚人に『見られているかもしれない』という心理的効果を与え、行動を束縛する」ことにあります。囚人の部屋から見た監視塔は逆光になっており、囚人が看守の姿を見ることはできません。逆に、看守はすべての囚人をいつでも見張ることができます。それゆえに囚人は常に「監視されているかもしれない」というプレッシャーに晒されることとなり、自ら逃亡する気力を失ってしまうのです。

つまり、バイオパワーとは「誰かに監視さ

れているという暗黙のプレッシャーを与えることで、実際には監視されていなくても、監視者の期待するように行動させてしまう力」のことです。このバイオパワーの概念を、権力者（＝監視者）は人々を都合よく動かすためのシステムとして刑務所から社会へと拡張していきます。その代表的な存在が、マスメディアや御用学者です。

例えば選挙において、特定の票田を持つ保守的な候補者と無党派層に受けのよい革新的な候補者がいたとします。この場合、選挙前の予想では前者が上回っているものの、無党派層の投票率次第では逆転するといった状況がしばしば生まれます。するとなぜか、ニュース番組でキャスターが「それにしても、今回の選挙は盛り上がりませんね」といったコメントを発し、新聞では「保守候補、有利か」といった記事が盛んに書かれます。これは明らかに、無党派層に対して「盛り上がってないし、もう大勢は決しているのだから、行かなくていいか」と思わせるための誘導です。

また、東日本大震災の福島の原発事故においても、御用学者が盛んにメディアに登場し、その発言によって国民は右往左往し、市場は混乱することになりました。

ソーシャルメディアにおいては、さらに顕著です。多くのフォロワーを持つアカウントから発せられた情報は、幾何級数的に拡散し、あたかもそれが真実であり、疑問を差し挟

■メディアの外資比率

フジテレビ	29.8%	違法状態。外資が2、3位
TBS	12.1%	上位2社が外資
日本テレビ	21.9%	違法状態
テレビ朝日	12.3%	
電通	28.5%	筆頭株主は外資

出典：証券保管振替機構 2017年1月7日付データ、各社有価証券報告書等

むことが許されないような空気が醸成されます。もしくは、疑義を呈した人間は徹底的に叩かれ、炎上してしまいます。しかし、よくよくたどっていくと、その情報自体は発信源が不明で、信ぴょう性に欠けていたりするにもかかわらずです。

　このようにメディアや学者を利用して「皆が言っているのだから、偉い人が言っているのだから、そうなんだろう」と人々の思考を停止させ、権力者に都合のよい行動に導いていくシステムこそ、現代の権力者が社会に築いたパノプティコンです。そして、その権力者とは莫大な富を独占する国際金融資本家に他なりません。

　ここで上の表をご覧ください。**銀行と同じ**

く、**日本のメディアはすでに外資に乗っ取られています。**テレビ局は放送法によって外資比率が20％までと制限されていますが、証券保管振替機構のデータによればフジテレビと日本テレビは違法状態にあり、他局も上位株主に外資が連なります。また、電通は約29％が外資であり、筆頭株主も外資です。

メディアがいかに金融資本の手先であり、嘘や印象操作によってバイオパワーを創造しているか、よく分かる例が前出のファイザー製薬に関する報道です。２０１５年11月24日のテレビ朝日のニュースでは、こう伝えています。

「（前略）ファイザー製薬の本社はアラガンがあるアイルランドに置きますが、これは法人税がアメリカより安いためとみられています。欧米の製薬会社が統合によって競争力を高める一方、規模が小さい日本の製薬会社はより厳しい環境に置かれることになります」

アメリカとはまったく異なり、その脱税に限りなく近い行為を非難するどころか、「競争力が高まった」と評価する始末です。

このニュースに触れた国民は、「やはり外資は勢いがあるな。これからは外資とも積極的に手を組まないといけない」との印象を持つことでしょう。

そして、このままだと２０５０年の未来に向けても、日本への外資の参入や、国内企業が外資に買収されたニュースに対しても「これからの時代に必要なこと」として受け入れてしまうのです。

金融資本家の「バイオパワーによる洗脳」は、すでに社会を覆い尽くしつつあります。しかし、2050年にはそれに対抗する勢力が登場していることでしょう。それが「サイバー独立国」です。

第4章

2050年の勢力図
サイバー独立国の誕生

The future
expectation in 2050
Chapter 4

サイバー独立国の誕生

前章において、現在、世界がごく少数の国際金融資本家の支配下にあること、そして近未来においてはその支配が強まることは理解してもらえたと思います。今後、TPPやTPP的な発想の条約によって国家が事実上解体され、金融資本家に有利な「世界統一ルール」のもとで超格差社会が到来します。

ところが、ここにきて彼らにとって予想外の事態が起こりつつあります。それが、仮想通貨の登場です。通貨発行権を掌握することで世界の支配者にのぼりつめた金融資本家にとって、仮想通貨という新たな通貨の登場は非常に大きな脅威です。もし、彼らが行ってきたように仮想通貨にデリバティブを援用すれば、コンピューターの中だけで一気に莫大な資本を築き上げられる可能性があります。さらに、これまで指摘してきたように2050年は人工知能が大いに発達している時代です。人工知能と人間がコンピューター上でお金の稼ぎ合いをしたら、まず人工知能が勝つでしょう。

つまり、**現実世界を資本の力で支配している金融資本家にとって、仮想通貨の登場で経済がサイバー空間に移行することは、彼らの盤石な支配を揺るがす大きな脅威なのです。**

そもそも金融資本家がここまで巨大な権力を手にすることを可能としたデリバティブは、ＪＰモルガンがＭＩＴ（マサチューセッツ工科大学）修士卒の数学者を社員にして構築したものです。現在でもその核となる理論を握っているのは、ほんの一人握りの数学者です。

リーマン・ショックを引き起こしたサブプライム・ローン問題にしても、数学者以外は「なぜこんな馬鹿げたバブルが起こったのか？」と疑問を感じるでしょうが、逆にいえば、数学として成立していたからこそ、あそこまでのバブルを作り出すことができたのです。

その意味で、金融資本の繁栄は「通貨発行権＋デリバティブ数学」という絶妙な組み合わせのもとに成り立っています。しかし、仮想通貨の登場は、彼らの独占権益であったその2つの繁栄の鍵が、サイバー空間という新たな次元で脅かされる事態なのです。

そして、サイバー空間における戦いはすでに始まっています。ビットコインが登場するや否や、これまでウォール・ストリートの投資銀行に辛酸を舐めさせられてきたイギリスのイングランド銀行は仮想通貨計画を立案して巻き返しを図っています。一方、ウォール・

ストリートは、自らの実質子会社であるＪＰモルガンやＭＵＦＪを利用し、法律を変えてまでＭＵＦＪコインを発行します。こうした流れは今後加速していき、サイバー空間のビジネスで成功したグーグル、アップル、フェイスブックのような企業が独自の仮想通貨を発行し、デリバティブ数学によって金融資本に対抗する勢力となっていくでしょう。

このように経済がサイバー空間に移行することで、**２０５０年には金融資本の支配をすり抜け、その牙城を突き崩す「サイバー独立国」が現れているはずです。**例えば、彼らがＭＵＦＪコインをハッキングして、通貨としてアンセーフであることを証明すれば、ＭＵＦＪコインの価値は暴落し、京を超える資産が雲散霧消します。これはもう、すでに世界レベルの戦争といっていいでしょう。

金融資本にとって彼らの支配を脅かすサイバー独立国はテロリストも同然です。しかし、これは中南米において帝国主義に反旗を翻したチェ・ゲバラとフィデル・カストロのようなものです。人々の資産を簒奪《さんだつ》し、それに投資することで支配を強めてきた金融資本主義、金融帝国主義に対して、彼らの不当な利益をサイバー空間上で潰すゲリラとしてサイバー独立国が世界中に誕生するのです。

隣人がサイバー独立国の元首

サイバー独立国とは、第2章で指摘したマルタ騎士団のようなものです。国の領土はビルの一室で十分。あとは最低限の物理的な安全と生活環境を、既存の企業なり国家と契約して保証してもらえばよいのです。

ですから、2050年には「マンションの隣室が、実はサイバー独立国だった」ということもおおいにありえます。時折、顔を合わせて挨拶していた隣人が、サイバー独立国の元首なのです。しかし、誰もそんなことは気がつかないでしょう。ビル・ゲイツのユニフォームはジーンズであり、ハンバーガーが大好物。ラリー・ページはTシャツのおじさんで、ザッカーバーグにしてもインターンの大学生にしか見えません。彼らのリソースは、すべてサイバー空間にあり、物理空間は一般人と変わらない暮らしを送っているのです。

ただし、そうした外見から、彼らが庶民派だと思い込むのは早計です。彼らは意図して、上手に一般社会に紛れ込んでいるのです。なぜなら、資本家が常に反感を買う存在であることを知っているからです。その意味で、支配者然として悪びれない金融資本家よりも巧妙だといえるかもしれません。

彼らの樹立したサイバー国自体はビルの一室だとしても、一般人には決して目につかない別の場所に、とてつもない豪邸を所有しているはずです。もしかしたら、その別荘は月にある可能性もあります。フェラーリに乗りたければ、本社から空輸させるので、駐車場もいりません。車両本体が３０００万円で輸送費が１億円、全然ＯＫ、それが２０５０年の成功者の姿なのです。

ちなみに、ザッカーバーグが２０１６年6月、視聴者の質問にリアルタイムで答える動画を配信したところ「あなたはトカゲ人間なのではないか？」という質問が寄せられました。これは「世界の支配者は人間の皮をかぶったトカゲである」という陰謀論が、一部で密かに信じられているからです。

ザッカーバーグは即座に否定しましたが、それほどサイバー空間での成功者とは得体の知れない存在ということでしょう。神出鬼没で正体不明。しかし、サイバー空間上には莫大なリソースを保有している。物理世界の支配者である金融資本家にとって、これほど不気味な存在はありません。

それゆえ、こうしたサイバー独立国の誕生を予見した金融資本側は、自らもサイバー化することで早くも対抗手段を講じつつあります。ウォール・ストリートはもちろん、日本においても東京・丸の内などがその先駆です。

丸の内の高層ビル群にはJPモルガン、ドイツ銀行など巨大金融資本のオフィスが密集し、大家は主に三菱地所です。通貨発行権を中心とする国家としての機能は巨大外資が提供し、三菱地所は家賃を取って彼らに国のインフラを提供しています。そして、日本のフィンテック技術は丸の内に集中しつつあります。

このような**サイバー空間での覇権争いにおいて、国家の役割は丸の内における三菱地所同様、物理空間の保全という役割に変わります**。それゆえ、第2章において2050年には国家という概念が消滅すると私は指摘したのです。

しかし、それでも私はある程度は物理空間の国家を維持すべきだと考えています。なぜなら、金融資本とサイバー独立国の覇権争いを野放しにしておけば、世界のほとんどの人々が不幸になってしまうからです。というのも、仮想通貨で現実世界の商品やサービスを無制限に購入してよいとなると、貧富の差は取り返しのつかないほどに拡大します。考えてもみてください。コンピューター上の数学でいくらでも増やすことのできる仮想通貨で無制限に土地を購入できるとしたら、日本の国土はあっという間にサイバー国に買い占められてしまい、すべての日本国民が奴隷同然になります。

ですから、**世界のバランスを保つためには、形式上でも物理空間の国家を存続させ、サイバー国との間にルール＝条約を結ぶことが必要不可欠です。**例えば、仮想通貨での土地の購入の制限。土地以外でも、物理空間に投資を行う場合は、仮想通貨ではなく円で納税させ、その納税額に応じた金額までに限るなど。ちょうど機械工学における「ロボット三原則」のようなものです。

しかし、こうした条約は、誰かがいち早く正しい方向性を示さなければ、ＴＰＰのように多国籍企業によって都合よく改変されたり、最悪、なし崩しにされることは目に見えています。それを防ぐために、実は私は誰よりも早くサイバー独立国の樹立を宣言しようと目論んでいます。それが、第1章で触れた２０２７年に完成する３９０ｍを超える超高層ビルになるかどうかはわかりませんが、こういったビルそのものがスーパーＡＩである超高層ビルを建築して、サイバー独立国とし、日本政府と節度ある条約を結ぶことで、海外の金融資本家を出し抜いて先例を作ってしまうのです。

この「苫米地サイバー国構想」を、ぜひ皆さん覚えておいてください。そして、十数年後に「世界のバランスを保つため、いよいよ苫米地が立ち上がったんだな」と見守ってもらえると幸いです。

物理空間はリゾート地

さて、2050年の世界の中心はサイバー国家になると述べましたが、一方で物理空間はどうなっているのでしょうか？

既存の国家が事実上消滅し、人々は高層ビルの一室で超人工知能と暮らしているわけですから、日常生活では自室以外を必要とすることはありません。つまり、**2050年の人々にとって、物理空間とは国土というよりも観光に訪れるリゾート地の意味合いが強くなります。**資源に直結する要衝だけは自治体やサイバー国が押さえ、それ以外の土地は外国人観光客しか訪れない。日本人は高層ビル群に集住し、たまに出かける程度。それが物理空間の日本の姿です。クリスマスまで賑わっていたのに、正月には外国人観光客しかいない六本木ミッドタウンに似ています。

これは、悲しむべきことでも何でもありません。現在ですら、北海道の小樽は台湾人、ニセコはオーストラリア人で溢れかえっており、日本人観光客の方が圧倒的に少ない状況です。特にニセコは、スイスのスキーリゾートに見立てたオーストラリア人が土地を買いあさり、コンドミニアムが乱立しています。この事実に対して、どれだけの日本人がアイデンティティーを傷つけられ、国家の未来を憂えているでしょうか？

今でこそナショナリズムの高揚といっていますが、実際は小樽やニセコなど関心の薄い土地なら、どれだけ買いあさられてもほとんどの日本国民が気にも留めないのです。むしろ台湾人やオーストラリア人の方が、小樽やニセコの魅力を理解しているくらいです。

このように考えると、生活の中心がサイバー空間に移行した2050年には、小樽やニセコだけでなく、ほとんどの日本の国土に対して日本人の関心は薄れており、それゆえ観光目的の外国人に買いあさられてもなんら気にしません。

その一方で、交通機関の発達によって今以上に海外旅行がスタンダードとなり、日本人の物理空間への興味は、主に外国のリゾート地に向かうはずです。わざわざ日本を旅行しようと思うのは、一部の懐古趣味の富裕層か外国人のみ。こうして物理空間における日本という国は、都市部の高層ビル群を除いては、さまざまな人種が入り混じるモザイク模様を呈していくことになります。

もちろん、そのような状況は日本に限ったことではありません。すべての国は、都市部のビル群に居住するその国の人々と、リゾート地を買いあさるさまざまな人種という構図になっており、ますます既存の国家の概念やアイデンティティーは希薄化していきます。

〝地縁〟といった概念もなくなり、むしろ「フェイスブックで5000人以上知り合いがいる人間のコミュニティ」といったサイバー空間上の結びつきの方が重要視されます。そこから荘園時代の地方領主のように「フェイスブックの知り合い5000人国家」といった小規模な独立国が生まれてくるかもしれません。

いずれにせよ物理空間はリゾート地以上の意味を持たなくなるので、国土を巡る戦争はほとんどなくなります。しかし、これこそ悲しむべきこととして、2050年に向けても戦争はなくならないでしょう。現在進行形で各国がしのぎを削っている、サイバー空間での覇権争い、つまり、「サイバー戦争」が巻き起こるのです。

金融資本サイバー国対サイバー独立国

「サイバー戦争」については次章で詳しく解説しますが、ここでいったん話をサイバー独立国に戻しましょう。実は、サイバー国の誕生を待たずとも、世界にはすでに〝疑似国家〟

といえる組織が存在しています。例えば、日本における旧財閥です。三菱グループに入社すれば、提携している病院があり、企業年金があり、社宅があるわけで、これはほとんど「三菱国」に入国したといっても過言ではありません。ただ、旧財閥はその成り立ちからして、日本という国家とほぼ重なり合う存在なので、利害が衝突することはありませんでした。しかし、今後ＭＵＦＪコインが流通すれば、三菱関連の施設はすべてＭＵＦＪコインで決済可能になる可能性が大です。そうなれば、通貨を巡って日本政府と対立することになります。

そして、この対立は三菱の勝利で終わることでしょう。なぜなら、三菱の後ろにはロックフェラーなどの国際金融資本がついているからです。

かつて日本の高度経済成長は、金融資本のいいなりとなった数人の官僚の暴挙で終焉を迎えました。第3章で登場した戦争犯罪に加担したことで悪名高いＢＩＳは、ブレトンウッズ会議において廃止が決定されたものの、すぐに復活し、１９８８年にバーゼル合意、いわゆるＢＩＳ規制を策定します。

ＢＩＳ規制とは、国際的に定められた、民間銀行の自己資本比率に関する規制です。日本の金融機関は当時自己資本比率が低かったため、対応に追われることになりました。

このＢＩＳ規制は１９９２年に発効する予定でしたが、当時の大蔵省は発効を待たずして総量規制という名目で移行措置をとり、バブル崩壊を引き起こし、そして日本に大きな影響を与えたのです。

ではなぜ、そのように早急な措置をとる必要があったのか？　それは、金融資本が官僚の野心と出世欲を刺激したからです。おそらく「ここでＢＩＳの機嫌を取れば、将来ＩＭＦの常任理事にしてやる」くらいのことをほのめかされたのでしょう。

ＴＰＰに関しても、まったく同じことです。日本政府のコントロールをはるかに凌駕するＴＰＰを、ほとんど精査せずに推進するなど狂気の沙汰です。なぜ官僚や政治家は、自分の権限が無力化されるルールを、自ら進んで受け入れようとするのでしょうか？　そんなことは、何か大きな見返りがなければするはずがありません。

このように世界の支配者である金融資本家の手にかかれば、一国の政府を陰から牛耳ることなど容易いことなのです。そして今、彼らは日銀よりもＭＵＦＪを選択し、仮想通貨の発行に踏み切りました。ＭＵＦＪコインによって日本政府と決別した三菱は、これから巨大サイバー国家となり、相対的に既存の国家の権限は弱体化していきます。三菱大統領の方が首相より大きな力を持つ時代が、すぐそこまで迫っています。

世界の地図は「国家対金融資本家」という構図から「金融資本家による巨大サイバー国家対独自の通貨を持つサイバー独立国」という構図に移行すると私が繰り返し述べてきた理由を、より一層理解してもらえたと思います。

そして、こうした時代にあって、サイバー独立国はチェ・ゲバラのようなゲリラ的な存在であるとも私は指摘しました。ですが、サイバー独立国が目指すのは共産主義ではありません。あくまで資本主義の枠内での対立です。サイバー独立国は、独自の通貨が流通する経済圏で、金融資本家が手出しのできない資本主義を展開するだけです。

ちょうど荘園制度下で地方領主が吸収・合併を繰り返しながら、勝ち残った者が貴族となっていったように、サイバー独立国においても〝サイバー貴族〟と呼ぶべき特権階級が現れ、格差社会は進行していくでしょう。その頃には警察や消防などの公共サービスも資本の管轄下におかれていますから、警察の手も及ばない本物の貴族です。

しかし、そんな貴族たる彼らにも、恐ろしいものがひとつだけあります。それは、皮肉にも彼らと同じテロリストです。

終わらないテロリズム

この章の冒頭で、サイバー独立国＝サイバー貴族は金融資本家にとってテロリスト同然だと述べましたが、物理空間のテロリストはその双方にとっての脅威です。**たとえ戦争自体がサイバー空間へ完全に移行したとしても、テロリストの存在だけは物理空間から消えることはありません。**なぜなら、2050年は超格差社会であり、そこには富める者に対して貧しい者が存在し続けるからです。

現代のテロリストの代表格であるイスラム国の本質は、イスラム教ではありません。その本質は、富める者に対する反逆であり、だからこそイスラム教徒以外の若者にも賛同者が現れるのです。

テロリストを生み出す最大の温床は格差です。宗教や信念は後づけの言い訳に過ぎません。ですから、超格差社会の2050年には、世界中の至るところでテロが起こる可能性が高く、日本も安心していられません。2050年には、天皇万歳と叫びながら、MUFJの丸の内本店に自爆テロを仕掛ける貧しい日本人がいても、まったく不思議ではありません。アメリカ民主主義万歳と叫びながら、グーグル本社に自爆テロを仕掛けるアメリカ人も出てくるでしょう。

そして、サイバー国にとってもっとも厄介なのが、このテロリストなのです。テロリストは神出鬼没で、コンピュータウイルスのように静かに潜伏します。軍隊ほど巨大ではありませんが、国家の要人をピンポイントで仕留めるくらいの戦力は保有しており、爆破でも誘拐でも手段を選びません。そして、こうした攻撃に対し、サイバー国は非常に弱い一面を持っているのです。なぜなら、国家とはいえ、その体質は民間企業のものだからです。

資本主義から生まれたサイバー国の理念は、利潤の追求が至上命題です。さらに、国家元首も民間人の場合がほとんどです。

つまり、国体や国民に対する責任を負っておらず、それゆえに物理的な暴力、脅迫、誘拐などに対し、危険を冒して立ち向かう義務がないのです。

最悪、命の危険が迫れば、国家を畳んでしまうこともできます。当然、そのようなことがないよう傭兵を雇って最上級のセキュリティ体制を敷いているとは思いますが、もしテロリストの刃が届いた場合、公人と民間人では暴力による支配が及ぶ範囲が格段に違ってくるのです。そして、サイバー国に対してはテロリズムが効果的だと周知されれば、ますますテロを助長する悪循環に陥ってしまいます。

ですから、2050年における犠牲者は、戦争よりも圧倒的にテロによって生み出される。これはまず、間違いありません。

投票権の売買が現実化する

2050年においては資本主義が民主主義を凌駕し、飲み込んでしまう――この流れを決定づけた出来事が、2016年12月15日に起こってしまいました。それは「カジノ法案」とも呼ばれる「カジノを含む統合型リゾート施設（IR）整備推進法案（IR法案）」が強行採決され、国会で成立したことです。このニュースの何が衝撃的かというと、ふたつの誤りを理解する必要があります。

まずひとつは、現政権による「強行採決」についてです。これまで安保法制や特定秘密保護法など強行採決によって重要法案を成立させてきた現政権ですが、「国民から圧倒的な支持を受けているのだから、民主主義のルール通り」と解釈するのは危険です。

たしかに与党の議席数は過半数を超えていますが、選挙での自民党の得票数は、投票を棄権した人も含めた全有権者の3割ほどです。つまり、現在の自民党政権は国民の3割の支持によって成立しているのですが、小選挙区制により議席が増え、国会の過半数となっているのです。

そして、ふたつめはIR法案の根拠です。安保法制や特定秘密保護法においては、その真偽は別にしろ、国防などのある種の大義名分が付与されていました。ところが、**今回のIR法案の根拠は要するに「金儲け」でしかありません。**ホテルやリゾートなどが付帯していますが、それはカジノを絡めなくとも進められる政策です。普通に観光立国としてやっていけばいいだけの話で、カジノを絡める理由は金儲け以外に根拠がありません。つまり、**民主主義における大義名分すら捨て、資本主義に従って政治を行うことを表明したも同然なのです。**

これは「経済がもたないから差別しましょう、排他的な国になりましょう」と資本主義の本音で当選したトランプ政権も同様です。少なくともアメリカと日本において、民主主義は資本主義に完全に屈した。この流れが世界に波及すれば、その結果**2050年に向けて起こり得るのは、「投票権の売買」です。**

資本主義が民主主義を駆逐すれば、当然、投票権を金に換えようという層が一定数現れます。それに呼応して、「投票権を売れば、参政権がなくなる代わりに税金が安くなる」といった制度が敷かれる可能性もあります。ちょうど株式市場における、配当が優遇される代わりに議決権のない「優先株主」のような存在です。権力者たちはそうした存在を例えば、「優先国民」と名づけるはずです。

その本質は全くの劣後なのですが、貧困層はすぐに投票権を手放して優先株主ならぬ「優先国民」となるでしょう。そして、投票権は富裕層に買い占められる。これは突拍子もない話ではなく、アメリカの公民権運動以前や日本の戦前においては、むしろ当たり前の光景だったのです。

民主主義が資本主義に屈したということは、時計の針が巻き戻ることを意味します。北海道1区は1票1万円、東京1区は1票20万円などオークションに掛けられている未来も考えられる。それでも表面上は、「有権者が自主的に売ったのだから民主主義は担保されている」などの詭弁が弄されるでしょう。いわば民主主義は資本主義の体のいい方便として利用され、金融資本家など特定の層が政治を支配する国も誕生する。議会は自己実現欲にまみれた資本家の手先によって占められ、国民の声の代理人たる代議士は、事実上存在しなくなる。これは2016年、アメリカと日本の国民が自ら選択した未来の形です。

そして、だからこそ2050年においてはサイバー独立国が必要となり、個人が国家から独立することが求められるのです。資本主義による独裁は、すでに民主的なプロセスで覆せるレベルを超えてしまいました。ですから、自分が独立するしかない。チェ・ゲバラになって、ゲリラ戦で対抗するしか道はないのです。

ゲバラになるか？　優先国民という名の新種の奴隷となるか？　2050年を生きる人々は、まったく異なるふたつの道を選択しなければなりません。

第5章

2050年の戦争の形

サイバー戦争の先にあるもの

The future
expectation in 2050

Chapter 5

第三次世界大戦はとっくに始まっている

前章で、「2050年の未来では、金融資本とサイバー国の間で戦争が起こるであろう」と述べました。しかし、勘違いしないでいただきたいのですが、その戦争とは多くの人が懸念する「核兵器の撃ち合いで世界が破滅」といった類のものではありません。戦争の形も、これまでとは本質的に変化しています。

では、どのような形になっているのか？　実は、これは未来予想でもなんでもなく、すでに始まっていることなので紹介しましょう。

第二次世界大戦以降、世界の安全保障の最大の焦点といえば「核兵器」ならびに土台となる「核開発」です。核保有国は後発国の新たな核開発に常に目を光らせ、現在もその緊張が戦争の引き金となるのではと危惧されています。

このような状況下で2013年、NSA（アメリカ国家安全保障局）の元局員であるエドワード・スノーデン氏により、ある秘密裏に行われた作戦の実態が暴露されました。その作戦とは、2009年に行われたイランの遠心分離器への一斉攻撃です。遠心分離器とはウランを濃縮するための機械で、原子力発電には欠かせません。ですが、イランは平和目的以外での核開発を何度も匂わせ、欧米諸国から強烈な反発を受けていました。その最中、イラン国内の数千台の遠心分離器が、突然稼働を停止してしまったのです。当初は原因不明とされていましたが、スノーデン氏が公開した内部文書によって、その真相が判明します。

文書によれば、イランの遠心分離器が稼働を停止した理由は、アメリカとイスラエルによるサイバー攻撃でした。具体的には、スタックスネットと呼ばれるマルウェア（コンピュータウイルス）に感染させたのです。

しかし、仮にも国家最高機密として厳重に管理されているシステムです。外部ネットワークからは遮断され、幾重にも防御線が張られていたはず。そのシステムが、マルウェアによって一斉にダウンすることなどありえるのでしょうか？

その答えは「ゼロデイ攻撃」と呼ばれるウイルス攻撃にあります。ゼロデイ攻撃とは、OS内部の未知のバグを利用してOSに侵入する方法です。OSの開発元やウイルス対策会社ですら気づいていないバグを利用するのですから、事実上、防御不能といえます。そして、ゼロデイ攻撃によって侵入したマルウェアはさらに巧妙な破壊工作を行います。それは、アンチウイルスソフトの乗っ取りです。

アンチウイルスソフトはいわゆるウイルス対策ソフトです。OSをウイルスから守るために、OSのもっとも深いプロセスを制御する権限を持っています。つまり、アンチウイルスソフトを乗っ取れば、そのOS自体を自由自在に操ることが可能となるのです。

何者かがUSBメモリで持ち込んだマルウェアによるゼロデイ攻撃で、イランの遠心分離器を制御するシステムは、表向きは平常運転を示しながらも完全にジャックされてしまいました。

国家最高機密であるシステムが、このようにいとも簡単に破壊されてしまう。この一件は、第三次世界大戦のプレリュードとなる歴史的な事件です。というのも、その気になればサイバー攻撃によって電力供給などのインフラを一瞬で破壊したり、ミサイル発射装置を誤作動させることすら可能だと示したからです。イランの場合も、遠心分離器を稼働停止させるだけでなく、その気になれば大規模な放射能汚染を引き起こすこともできるレベルまで乗っ取られていました。極端な話、核ミサイルを撃ち込まれたら、制御システムを乗っ取って逆に相手国に落としてしまえばよいのです。

つまり、**21世紀の戦争の形は、その勝敗が事実上サイバー空間で決する「サイバー戦争」へと変化したのです。**「第三次産業革命」がＩＴ革命であったならば、「第三次世界大戦」はサイバー戦争であり、その火蓋はすでに切られています。

２００９年、マルウェア攻撃に屈したイランは、それまで頑なに拒否していたＩＡＥＡ（国際原子力機関）の査察受け入れを表明しました。これは実質、降伏・敗戦も同然です。

かつて陸戦・海戦が主だった時代の戦争は2次元でした。そこに第二次世界大戦以降、空戦・ミサイル戦が加わり3次元となり、さらにコンマ数秒の誤差が命取りとなる電磁兵器や超音速ミサイルの開発により時間軸が加わって4次元に。そして現在、水面下で勃発している第三次世界大戦においては情報空間が加わり、戦争のレベルは5次元へと突入しているのです。

実際、２０１６年12月16日にオバマ大統領は「プーチン大統領の指示でアメリカ大統領選ではトランプ有利になるようにロシアがサイバー攻撃を仕掛けた」と非難し、報復措置を講じると発表しました。これは事実上の宣戦布告です。２０５０年にはこういうことは日常のニュースになっています。

血の流れない第三次世界大戦

第三次世界大戦がすでに始まっていることの証左として、私が三菱地所の会社員であった時の出来事も紹介しておきましょう。まだEUが設立される前の1990年頃の話です。

当時、三菱地所がロックフェラーセンターを買収して間もなく、私は社長の通訳としてヨーロッパ各国を巡っていました。その時に出会った一人が、元国連事務総長でオーストリア大統領に就任していたヴァルトハイム氏です。ヴァルトハイム氏はヨーロッパ随一の名門王家であるハプスブルク家の末裔だといいます。だからこそ、第二次世界大戦中はナチスの将校であったにもかかわらず、国連事務総長やオーストリア大統領を歴任できたのでしょう。実際、会ってみると「自分こそがヨーロッパの王である」という非常に強力な自負を感じました。そのヴァルトハイム氏が、三菱地所の社長と握手を交わしながら、こう語りかけました。

「これからヨーロッパは統一されるので、次の戦争の時はよろしく」と。

その後、この言葉通り1991年にソ連が崩壊し、1993年にEUが設立されました。

しかし、一般的にこの流れは、戦争よりもむしろ平和に近づく一歩だと考えられています。ではなぜ、ヴァルトハイム氏はEU設立が戦争の引き金だと匂わせたのでしょう？

それはEUがナチスに共通する要素を持っているからです。第二次世界大戦とは、ナチスがヨーロッパ各国を侵略する戦争でした。この「ヨーロッパを支配する」という点において、EUはナチスと何ら変わりがありません。その支配者がヒトラーではなく金融資本家に変わっただけです。第二次世界大戦中にナチスであったヴァルトハイム氏にとって、EUとナチスは本質的に同じものだったのです。そして「次の戦争」の意味するところとは、間違いなくアメリカやEUを支配する金融資本家と反抗勢力の間に勃発する戦争です。

まずは、先に述べたようにイラン＝ペルシアが叩かれ、独自の銀行勢力が根強いイギリスがEU離脱を決定すると壮絶なバッシングが展開されます。同じく独立を保つロシアにも、ウクライナを巡って経済制裁が行われました。ヴァルトハイム氏が予見した第三次世界大戦のシナリオ通りです。

念のため「大規模な武力衝突がないのだから、戦争ではない」と考える人のために指摘しておきますが、イランへのサイバー攻撃で流血がなかったように、これからの時代の戦争は、物理空間での武力衝突はむしろ減っていきます。これは歴史の流れとして当然のことです。

戦争というと太平洋戦争時の日本のように総力戦をイメージする人が多いと思いますが、根本的には戦力＝戦闘要員にある程度の差がついた時点で終結するものです。「天下分け目」といわれた関ヶ原の戦いも、実際は数千人規模。イラク戦争においても、戦争で死んだ兵士よりも占領下の自爆テロで死んだ兵士の方がはるかに多い。基本的に時代が進むほど、死者が少なくなっていくのが戦争です。

これは兵士同士の戦闘についてもいえることです。戦争の死者数と同じく勘違いしている人が多いのですが、現代の軍人は相手を殺すことよりも自分が死なないことが基本です。その上で、殺すのではなく、貫通弾で特定の隊員一人の足を狙って動けなくするなど相手部隊の戦闘能力を奪うことを目指します。必要最小限の被害で勝負をつける。それが現代の戦争なのです。

それゆえ、**すでに始まっている第三次世界大戦、そして未来のサイバー戦争では、ほとんど死者は出ないでしょう。**

内情不安を仕掛ける工作員やサーバーを守る特殊部隊に多少の犠牲者は出るかもしれません。ですが、過去の戦争のように数十万、数百万人という犠牲者はありえません。

大量破壊兵器を使用するということは、その国が劣勢に立たされていることを意味し、そんなケースでミサイルの発射準備をしようものなら「お前の国のサーバーを乗っ取って、誤爆させるぞ」で終わりだからです。

ですから、2050年の戦争とは、大部分の人にとっては、いつ起こって、いつ終わったかすら気づかない〝**サイレント・ウォー**〟といえるかもしれません。

「国家対国家」ではなく「企業対企業」の戦争へ

さらに、2050年の戦争は「国家対国家」の図式ですらありません。第3章で世界の支配権を巡る闘争の歴史については詳しく解説したので、もうお分かりとは思いますが、近現代における戦争のトリガーとは「お金」、つまり「通貨発行権」です。

歴史のトピックとしては、第一次世界大戦の契機となったサラエボ事件や太平洋戦争の真珠湾攻撃などがありますが、それはあくまで表面上の事象に過ぎません。その裏には、連綿と続く金融資本家と国家の間での通貨発行権を巡る覇権争いがありました。これは資本主義が終焉しない限り、2050年も同じ絵が描かれるでしょう。

しかし、2050年は経済の中心がサイバー空間に移行し、企業が国家を超越する資本、そして通貨発行権を手にする時代です。個人口座4000万口、預金残高170兆円という膨大な資金力を背景にスタートするMUFJコインを筆頭に、今後はグーグルコイン、アップルコイン、フェイスブックコイン、マイクロソフトコインなど、続々と独自の仮想通貨が流通します。日本でもMUFJ以外のメガバンクはもちろん、ソフトバンクも参入するでしょう。そうなれば、仮想通貨同士での覇権争いが勃発することは想像に難くありません。

ここで、先ほど述べた「現代の戦争は相手の戦闘能力を奪うことが目的」だということを思い出してください。では、仮想通貨を巡る戦争における戦闘能力とは何でしょうか？それは通貨の信用力であり安全性です。つまり、サイバー攻撃によって相手の通貨の価値を暴落させることが何より有効な戦争手段となるわけです。

ですから、**2050年に向けての戦争はハッキング合戦です。それも、「国家を超越した通貨発行権を握るサイバー企業」対「物理空間の通貨価値を保持しようとする国家」、さらには「サイバー企業」対「サイバー企業」といった構図の戦争になります。**

国家が絡まない戦争など想像がつかないかもしれませんが、実際、すでに政治の問題など戦争に関係ありません。日本の経済成長にとどめを刺したＢＩＳ規制や現在のＴＰＰを見るまでもなく、巨大金融資本の影響力を前に政治家・官僚など無力です。カジノ法強行採決ももちろんそのひとつです。今ＴＰＰやカジノ法反対の声を上げている野党・民進党が、民主党で与党だった時代にはＴＰＰ推進派、カジノ推進派だったことを忘れてはいけません。当時、民主党内でＴＰＰ反対を唱えようものなら除名対象でした。

ＥＵ議会にしても同じことです。ヨーロッパの首脳、つまり世界の王たちが集まっている議会のはずが、学級委員会並みの存在です。表向きは侃々《かんかん》諤々《がくがく》と議論を戦わせているように見えても、経済に関わる本質的な政策はすべて背後の国際金融資本家が決定します。

日本においても、国際関係における安倍首相の存在感などが問われますが、金融資本家側からは、残念ながら、「世界統一政府・日本部係長・安倍晋三」くらいに見られているのが現実です。日本国民がＴＰＰよりも中国との安全保障問題の方が重要事項だと思い込んでいるのも、彼らの巨大なバイオパワーが誘導した結果に過ぎません。実際問題、日中の軋轢など世界統一政府が「止めろ」といった瞬間に終わることで、戦争など起こるはずがないのです。

サイバー戦争における3つの選択肢

このように国家が戦争に参加する局面が終わり、2050年に勃発する金融資本同士のサイバー戦争では、主に3つの戦闘方法が考えられます。

ひとつは、現在NSAが行っているミッション、つまりサイバー空間におけるハッキングです。実は、この局面において〝世界の警察〟を名乗るアメリカも、国防というレベルではもはや圧倒的な最強国ではなくなっています。

この衝撃的な事実が一躍世界に知れ渡ったのが、2009年のイラク戦争において、アメリカ軍の無人攻撃航空機プレデター・ドローンが何者かにハッキングされた事件です。

ドローンといえば、航空撮影ができる新時代のラジコンくらいのイメージかもしれませんが、本来は遠隔操縦または自律式飛行が可能な無人航空機のことで、軍事利用が主な目的です。このプレデター・ドローンは、1機あたり約10億円とステルス戦闘機の10分の1以下の値段の上、高度な通信能力・遠隔操作能力を発揮するので、現在、アメリカ軍が最も力を注いでいる航空戦力でもあります。

つまり、国家最高機密並みのセキュリティがかけられていたはず。にもかかわらず、ロシア製のプログラムを悪用することで、いとも簡単に作戦行動中のリアルタイム映像がすべて盗み出されてしまったのです。

この緊急事態に直面したアメリカ国防総省は、ただちにアメリカ戦略軍初の正式なサイバー部隊となる「USCYBERCOM」を設立しました。ところが設立直後、開発中の次世代戦闘機F-35の設計図とシステムデータが盗まれるという失態を演じてしまいます。これは中国によるサイバー攻撃だといわれていますが、驚くべきはその後も2013年まで約3年間、USCYBERCOMは他国からのハッキングを防ぐことができなかったという事実です。その結果、F-35に関するデータはテラバイトのオーダーで国外に流出し、ソフトウエアの再開発費などを含めたコストは当初の2倍にまで膨れ上がりました。

このようにハッキングの技術は音速的に進化しており、いかにアメリカ軍といえども守り切れません。では、どういった勢力が勝利するのか？　**それは独自のコンピュータテクノロジーを有し、有能な技術者を抱え込めるだけの資金力を持ったサイバー国家でしょう。**

次にサイバー戦争におけるふたつめの局面、それは情報空間に携わる人間を利用する方法です。実は、サイバー戦争においてソフトやハードウェア、システムの脆弱性と同じくらいケアしなければいけないのが、この「人間の脆弱性」です。

例えば古典的な「なりすましメール」ですが、攻撃対象が十分警戒していたとしても何度も何度もアタックを続ければ、いつか不注意で開封してしまう可能性があります。

しかも、このような人間の脆弱性への攻撃方法は日に日に巧妙化しています。その代表的なものが、「標的型攻撃（ATP攻撃）」と「水飲み場攻撃」です。

標的型攻撃とは、先述した「なりすましメール」のように特定の人物に執拗にフィッシングメールを送る方法ですが、その手口が実に狡猾です。

2011年、三菱重工のある社員が正月明けで出社すると、実在する取引先関係者から年賀状添付メールが届いていました。そのメールの添付ファイルを開いた瞬間、社員のパソコンはバックグラウンドで北米のサイトに接続されてウイルスに感染してしまったのです。

また、送信元アドレスが政府ドメインの「go.jp」であっても注意が必要です。IPA（情報処理推進機構）によれば、標的型攻撃の送信元の約50％が政府ドメインであったといいます。

一方、水飲み場攻撃とはターゲットに直接攻撃を仕掛けるのではなく、ターゲットがよく閲覧するウェブサイトにマルウェアを仕込んでおく方法です。

そうとは知らず、ターゲットがいつも通りにマルウェアが仕込まれたサイトにアクセスすると、ドライブ・バイ・ダウンロード（閲覧した瞬間に、閲覧者に気づかれないようにマルウェアをダウンロードさせる方法）によって攻撃が完了します。

しかも巧妙なことに、現在の水飲み場攻撃は、ターゲット以外がアクセスした場合はドライブ・バイ・ダウンロードが発動しない仕組みになっています。つまり、ターゲットへの攻撃が完了するまでは誰も気がつかないので、サイト汚染の発見が遅れ、的確かつ深刻なダメージを与えることができるのです。

また、人間の脆弱性を突いた攻撃はコンピュータ上だけではありません。イランの遠心分離器の一件のように、誰かがウイルスに感染したUSBメモリを物理的にコンピュータに差してしまえばよいのです。この問題に関して、アメリカ政府が興味深い検証結果を発表しました。それは、ある連邦機関をハッキングするためには、玄関前にウイルス感染したUSBメモリを落としておくだけでよいというもの。すると、60％の職員がそのメモリを自分のコンピュータに差し込み、連邦機関のロゴが入った偽装USBメモリに至っては、実に90％の人が機関内のコンピュータに差してしまったというのです。

さらに、人間の脆弱性には「企業の脆弱性」という側面もあります。もし社員のコンピュータがウイルスに感染してしまっても、出口対策として流出被害を食い止める防衛策が迅速に講じられれば、被害を軽減化することができます。しかし、社員そして企業という存在は、非常事態にあって問題を隠蔽する体質が備わっています。結果としてサイバー攻撃の発覚が遅れ、出口対策を講じようにも時すでに遅しとなってしまうわけです

さて、これまでコンピュータの脆弱性への攻撃、人間性の脆弱性への攻撃と2種類の攻撃方法を紹介しましたが、サイバー戦争における最後の3つめの攻撃方法、それは物理空間への直接攻撃です。といっても、現在のイスラム国に対する空爆のような大規模軍事作戦は減少していくでしょう。なぜなら、繰り返しになりますが、2050年の戦争は「企業対企業」になっているからです。

企業のロジックは、あくまでお金を中心に回っています。逆にいえば、お金の問題さえクリアされれば、総力戦までいかずとも「いくらで手を打ちましょう」という所で話が終わる。「お互いのサーバーを攻撃するのに、特殊部隊が5人ずつ死にました。じゃあ、そろそろ手を打ちましょうか」

これが2050年のサイバー戦争の最終局面です。一般人は戦争が終わったことも、そ

もそも起きていたことにすら気づきません。ただ、「グーグルが三菱を買収した」といった経済ニュースが流れるだけです。しかし、実際はグーグルコインがＭＵＦＪコインを打ち負かしたという、通貨発行権を巡るサイバー戦争が勃発していたというわけです。

ですから、**２０５０年の社会においてキーになるのは、正規軍ではなく特殊破壊工作のスペシャリストである民間軍事会社です。**正規軍の軍人は自国ではないサイバー国家を防衛できませんから、サイバー国のサーバーが置かれている高層ビルの周囲を、あらゆる国でリクルートされた退役軍人からなる民間軍事会社の特殊部隊員が警備していたりする。今の日本からは想像できない社会ですが、これが未来の現実です。正規軍は憲法や国際条約で手かせ足かせをはめられ、実際の戦闘行為は民間軍事会社、もしくは民間軍事会社に建前上出向した正規軍人が遂行します。

自爆テロはなくならない

国家が弱体化、消滅し、サイバー戦争の主役が企業になった２０５０年。第４章では、既存の金融資本に抵抗するサイバー独立国がテロリスト認定されると述べましたが、それ以外にもイスラム国のような物理空間のテロリスト集団が存続していると考えられます。なぜなら、国家が消滅したとしても、「国体」、もしくは国体の根幹をなす「宗教」は消え去らないからです。

イスラム教、キリスト教、アメリカにおける民主主義、北朝鮮における共産主義、日本における日本教など。宗教、もしくは事実上宗教レベルの「生死を超越した価値」を信じる人々がいる限り、悲しいことに自爆テロはなくなりません。しかも、2050年は富裕層は高層ビルで暮らし、貧困層は地下に閉じ込められる超格差社会です。貧困層の不満は金融資本へのサイバー攻撃に向けられるならまだしも、東京市ヶ谷の自衛隊駐屯地内で割腹自殺した三島由紀夫のように、MUFJの丸の内本店前で切腹したり、サーバーが保管されるビルに自爆テロを仕掛ける人間も出てくることでしょう。

ですから、これまでの未来図をまとめると、**物理空間においては「民間軍事会社による特殊部隊同士の争い」もしくは「特殊部隊と自爆テロリストの争い」が生じ、サイバー空間においては「金融資本やサイバー国、サイバー企業のハッキング合戦」が展開されるのが2050年に向けての戦争です。**

人々は自爆テロのニュースに恐怖し、傭兵たちが街を練り歩く。そして、企業買収のニユースの裏で、誰も知らないまま、第四次、第五次、第六次と次々に世界大戦が勃発しては終結していく。そんな未来が私たちに訪れようとしています。

また、２０１７年1月9にはアメリカ国防総省が１００機単位で編隊飛行する全長16㎝の超小型ドローンの実験に成功したと発表しましたが、２０５０年には、蚊や蝿のサイズのＡＩ型超々小型ドローンが数千機単位で兵士一人ひとりを自律編隊攻撃するのがあたり前になっています。

日本の緊急課題は、独自のOS開発

こうした未来に対して、日本はどのような対策を取っていくべきでしょうか？

実は、日本のサイバー防衛能力は、数年前まで世界トップレベルにありました。セキュリティベンダー McAfeeが発表した２０１０年のレポートでは、日本のサイバー防衛能力は中国に次いで世界第2位の「サイバー先進国」だったのです。しかし、翌２０１１年３月に東日本大震災および福島の原発事故の影響で、サイバーセキュリティ関連の予算が大幅に削られてしまいます。さらに同年9月には、三菱重工社内の45台のサーバーと38台のコンピュータがマルウェアに感染し、機密情報が漏えいする事件が発覚しました。

三菱重工といえば、日本の防衛産業の中心的存在です。感染が確認されたのは全国の造船所および製作所で、その研究・技術は多岐にわたります。神戸造船所では潜水艦並びに原子力機器、長崎造船所では護衛艦、名古屋誘導推進システム製作所では航空自衛隊の誘導ミサイル並びに宇宙ロケット用エンジン、相模原製作所では戦車、高砂製作所では原子力タービンの製造・研究を行っていました。これら関連施設が一斉にハッキングされたわけですから、安全保障の観点から、いかにサイバー防衛力が重要かが伝わると思います。

東日本大震災後の日本へのサイバー攻撃は、これだけではありません。2011年10月には衆議院のコンピュータにウイルスが侵入し、全議員のIDならびにパスワードが流出しました。2012年には当時の原子力安全基盤機構がマルウェアに感染し、情報が流出。

2010年のMcAfeeのレポートでは世界2位だった日本のサイバー防衛能力への評価は、わずか2年後の2012年の同社のレポートではオーストラリア、カナダ、オーストリアと並ぶ12位タイのグループにまで急落しました。

続く2013年には農林水産省からTPP関連情報が流出し、宇宙航空研究開発機構のサーバーが不正アクセスを受けると、2014年には日本原子力研究開発機構のコンピュータがウイルス感染。日本のサイバー防衛能力は、イスラエルや欧米諸国に大きく水をあけられ、今やサイバー後進国となってしまったのです。

経済産業省の試算によれば、2020年の時点で国内のサイバーセキュリティ関連の人材不足は20万人に達するといいます。2020年といえば東京オリンピックの年。実は、オリンピックはスポーツの祭典であるとともにサイバー攻撃の祭典でもあり、2016年のリオオリンピックの際のDDoS攻撃（大量のコンピュータが特定のネットワークやコンピュータに殺到し、通信容量を溢れさせて機能を停止させる攻撃）は約4テラバイトにも達したといいます。

間違いなく東京オリンピックではリオ以上のサイバー攻撃が実行されます、日本のサイバーセキュリティの強化は喫緊《きっきん》の課題です。しかし、目まぐるしく進化を遂げるサイバーセキュリティの技術において、一度遅れをとった日本が挽回することは至難の業でもあります。

そこで2050年までを見据えて私が提案するのは、**日本独自のOS、制御システムの開発です。**イラン対アメリカ・イスラエルのサイバー戦争でもその破壊力をみせつけたように、サイバー攻撃の中でももっとも強力で警戒すべきは「ゼロデイ攻撃」です。OS自体の未知のバグを利用し、アンチウイルスソフトを乗っ取ることでOS最深部にまで侵入するこの攻撃は、防御不能の絶対的な支配権をサイバー空間上に確立します。このゼロデイ攻撃を防ぐためには、OSとシステム制御系全般を独自に開発し、ブラックボックス化する以外に方法はありません。一番の問題は技術力となるわけですが、日本では私を含めて多くの技術者がOS開発に取り組んでおり、潜在的な可能性は十分にあります。

あとは政府がどれだけ本腰を入れて資本を投資できるか？　そして人材リソースを集中できるか？

サイバー戦争の危機から日本を救うための処方箋はこうしたところにあるのです。

ポストサイバー戦争はマインドハッキング

これまで5次元のサイバー戦争について言及してきましたが、実は2050年にはその戦争も終結に向かっている可能性があります。というのも、サイバー戦争はこれまで問題視されてきた核戦争と本質的には同じ構造を持つからです。

核戦争の実現不可能性を論ずるのに「核の抑止力」という言葉が使われます。いわば〝毒をもって毒を制す〟というやり方で、いったん核を発射すれば倍返しにされて破滅を呼ぶので、誰も核を発射できなくなるというロジックです。この核の抑止力は、すでに万全の効力を発揮しており、核戦争のリスクは極めて低いと考えられます。

どういうことか補足すると、現在の核兵器はかつてのＩＣＢＭ（大陸間弾道ミサイル）ではなく、ＳＬＢＭ（潜水艦発射弾道ミサイル）が主流です。ミサイル迎撃システムの存在などを耳にすると思いますが、実際にはＳＬＢＭから発射されたミサイルを撃ち落とすことなど不可能です。

原子力潜水艦における通信は受信オンリーで、発信することがありません。その所在は他国のみならず自国の軍部すら把握しておらず、ただ「核を発射しろ」という命令をどこかの海底で待っています。つまり、いきなり東京湾から核弾頭が水平射出され、港区に直撃する可能性もある。そうなれば防御は不可能で、核戦争は必ずノーガードの撃ち合いになるため、かえって誰もミサイルを撃ち込むことはできないのです。

これと同じことがサイバー戦争にもあてはまります。サイバー攻撃においては、攻撃側が防御側よりも１０００倍有利だと私は再三指摘してきました。１０００億円かけたサイバー攻撃部隊から自国を守るには１００兆円かかるのです。国家予算すべてです。すでに他国は兆円オーダーをサイバーにつぎこんでいます。そうなれば、SLBMと同様に必ず撃ち合いになります。しかも、サイバー戦争はコンピューターによって行われますから、下手をするとネットワークで繋がったコンピューター同士でタコが自分の足を食べるように共食いを始める事態になります。

その行き着く先は、ひとつの超並列人工知能、超並列スーパーAIによってコントロールされる世界です。その開発主は、今のところアメリカが有力ですが、私は日本政府が本気になって投資をすれば、その座に並ぶことが可能だと思っています。だからこそ、まずは独自OSの開発を推進すべきだと主張しているのです。

いずれにせよ、このように圧倒的な超並列人工知能が存在する世界では、誰もサイバー攻撃を仕掛けようとはしないでしょう。まさに〝サイバーの抑止力〟が完成する。それが2050年を過ぎたあたりだと予測しています。

では、サイバー戦争が終結に向かった先には何が起こるのか？　悲しいかな、戦争や争いがなくなり、平和な世界がやってくるとは思えません。**サイバー攻撃に代わる、新たな攻撃方法が開発されているはずです。それが「マインドハッキング」です。**

つまり、人間の精神に直接働きかけ、意識を操作、破壊する技術です。平面の2次元、空戦が加わった3次元、時間軸が加わった4次元、サイバーに移行した5次元に続く6次元の戦争は、精神世界での戦争です。

この局面において、誰もマインドハッカーを区別することはできません。軍服を着ていなければ、銃火器も所持していません。一般市民として紛れ込み、密かにターゲットの意識をハッキングする〝沈黙のテロリスト〟です。戦場はサイバー空間から日常生活空間へと移行します。ある日を境に、日本国の首相が他国のマインドソルジャーに意識をハッキングされていた、という事態も起こりえるのです。

その頃の権力者や富裕層たちは、脳の神経系統も相当IT化されているので、マインドハッキングの恰好の餌食となります。彼らの攻撃を防ぐためには、より優秀なマインドソルジャーを養成するほかありません。マインドソルジャー対マインドソルジャー。これが2050年以降の世界の最先端の戦争の形となるでしょう。

振り返れば、金融資本主義が世界を支配するようになったプロセスも、政治家やメディアを利用して大衆を洗脳し、水面下で金の力によって民主主義を骨抜きにしたことでした。マインドハッキングとは、その洗脳をより精密に、スピーディーに実行する攻撃手段。大衆心理をコントロールできれば、暴力による恐怖と抑圧といった手間をかけずに、その社会を支配することが可能なのです。

マインドハッキングというと核ミサイルよりも平和的な印象を受けるかもしれませんが、現実的な脅威はミサイルよりもはるかに深刻なのです。現在、世界中で猛威を奮っている洗脳された人たちによるテロリズムは、その序章に過ぎません。

第6章

2050年の生き方術

頭の中に革命を起こせ

The future
expectation in 2050

Chapter 6

虚経済が支配する世界

前章までにおいて、2050年の世界の大枠を説明してきました。金融資本家を中心に、ごく一部の人間だけが富み、世界の99・999%がその支配下におかれる社会。しかし、私自身はこうした社会を是とする人間ではありません。むしろ逆に、「まったく望まない！」と思っているくらいです。

ただ、現時点で客観的に世界の趨勢を分析すると、どうしても悲惨な未来に行き着いてしまう。それは、メディアや政治家すら金融資本に取り込まれ、巨大なバイオパワーを生み出し、奴隷や囚人扱いされているはずの大多数の人々が、自身の惨めな境遇に気づいていないからです。

例えば、年収1000万円の人を世間では「勝ち組」と呼び、年収300万円の人を「負け組」と呼びます。ですが、金融資本家からすれば、年収300万円も年収1000万円も大した差ではありません。

何しろウォール・ストリートの平均年収は650億円。彼らからすれば年収300万円だろうが年収1000万円だろうが、等しく奴隷的労働者なのです。しかし、その事実に目を向けさせないよう、金融資本家はメディアを利用して巧妙な誘導を行います。それが「勝ち組」「負け組」などに象徴される、社会の階層化です。

年収300万円の人は勝ち組を目指し、年収が少しでもアップすれば幸福感を味わう。一方で、年収1000万円の人は負け組を蔑みながら満足感に浸り、既得権益を守ろうとする。社会を細かく階層化することで、人生における幸福感や劣等感は、その階層を行き来することに集約されてしまいます。

これはすなわち、奴隷が自分を繋いでいる鎖を「俺の方がいい鎖だ」と自慢し合っているようなものです。「あいつばっかりいい鎖しやがって」と、不満や憎しみは奴隷同士の争いに向けられ、その光景を見物しながら主人である国際金融資本家たちは悠々自適な生活を送っているのです。

ですが、よく考えてみてください。年収300万円もあれば、一人で十分生活していくことができます。夫婦であっても、現在は共働きが当たり前の時代ですから、世帯収入600万円は決して貧しいとはいえません。では、なぜ人は年収1000万円を羨み、そこを目指していくのか？　それは、人間らしく生きるための〝実ニーズ〟とは対極にある本来は必要のない〝虚ニーズ〟こそが、人生において価値あるものだと刷り込まれているからです。

メディアに巧みに織り交ぜられるCMや広告記事は、人間性に溢れる豊かな暮らしとは直結しない嗜好品や贅沢品を、さも価値のあるものだと盛んに宣伝します。そうして〝虚ニーズ〟を〝実ニーズ〟と勘違いした人々は、必要のないお金を稼ぐために必死になって奴隷のごとく働きます。そして、彼らの奴隷的労働によって生産された商品やサービスは、さらなる〝虚ニーズ〟を生み出していきます。**こうして社会には本来必要のない商品やサービスが溢れ、それを得るためのお金が至上価値となる「虚経済」が形成されていくのです。**

これは明らかに、虚経済を築くことで〝金貸し〟として成り上がった金融資本家が、自分たちの支配を盤石とするために仕掛けた「洗脳」です。お金が至上価値である虚経済において、彼らは君主であり、奴隷は奴隷同士で争い、鎖の出来を自慢し合うだけです。日本の労働者の1％未満の、わずかな政治家・官僚・上場企業の管理職、つまり金融資本家にとって扱いやすい駒が「勝ち組」とされ、その他の99％以上が「負け組」の烙印を押される。冷静に考えて、こんな馬鹿な話はありません。

ちなみに、この「社会の階層化」という金融資本家の洗脳テクニックは、オウム真理教などのカルト宗教でよく用いられます。グルを頂点とし、教団（＝カルト宗教にとっての社会）を階層化することで、信者たちはひとつ上の階層を目指して修行に励みます。すると、ヒエラルキーそのものが価値を持つようになり、頂点に君臨するグルの支配力はより一層強まります。一方で、ヒエラルキーそのものへの批判は、信者同士の争いとして消化されてしまい、グルの存在を揺るがすような思想にはなりえません。

つまり、現代社会は「オウムお金教」ともいえるカルト宗教の世界であり、そのグルたる金融資本家の洗脳が解かれない限り、２０５０年の未来は99・９９９％が奴隷として生き続ける超格差社会でしかありえないのです。

ですから、本章以降では、この金融資本家の洗脳から脱する方法、お金の奴隷から逃れる方法を伝えていきたいと思います。金融資本家の強力な洗脳が解けた暁には、２０５０年の未来は、私の予想とは異なった明るい景色が広がっているかもしれません。

虚ニーズに洗脳されてはいけない

「金融資本家がメディアを利用した洗脳で、実ニーズと虚ニーズがいつの間にかすり替わる」という話をしましたが、いかにこのすり替えが日常的に行われているか。その分かりやすい例として「ユニクロ」を取り上げてみましょう。

第2章で「日銀が追加緩和と称して特定の株を買いあさり、外資に資金を垂れ流している」という話をしました。そこで登場したユニクロは、当然、外資に支配された企業です。

当初、ユニクロは圧倒的な低価格でアパレル業界に旋風を巻き起こしました。「ファストファッション」という造語まで作られ、2009年には新語・流行語大賞のトップテンに選ばれています。こうしたメディアの宣伝によって、社会に「ユニクロこそがファストファッションの旗手」というイメージがすっかり定着しました。

しかし、実のところ、ユニクロはまったくファストファッションではありません。海外のオートメーション化された工場で安価な労働力を利用することで、原価は下がる一方です。にもかかわらず、価格は下がるどころか、1000円を超える商品が当たり前です。

実際、私の愛用している米軍払い下げの未使用Tシャツは780円で、ユニクロのTシャツよりも安いのです。また、ニュースにもなりましたが、厳しい労働環境で人件費が下げられています。

これらの事実を鑑みると、実際価格はそんなに安くはありません。つまり、ユニクロはファストファッションどころか〝実質は高い〟のです。ところが、メディアを使った洗脳によってユニクロは今やブランド化され、実は高いTシャツを人々は安価と喜んで買っているというのが現状です。

たしかに、ユニクロが開業した当初の安価で高品質な商品は、実ニーズに適っていたでしょう。しかし、多大な宣伝費を投じることでブランド化する一方で、その宣伝費は商品価格に反映され、実ニーズとは乖離していきました。

今なら、ユニクロよりも安価で高品質なTシャツを見つけることは難しくありません。実ニーズを満たすためなら、ユニクロ以外にもいくらでも選択肢はあるのです。にもかかわらず、いまだにユニクロに並ぶのは、ユニクロブランドという虚ニーズに洗脳された人々の群れといっても過言ではありません。そして、ユニクロという企業そのものが日銀ETF買いで証明したように、巨大外資の錬金術の道具に過ぎないのです。

「IT長者」という虚経済の尖兵

虚ニーズ、虚経済の体現者ともいえるのが、「IT長者」と呼ばれる人々です。彼らは好んで「イノベーション」という言葉を使います。まるで「自分たちは革新的な技術や思考によって成功した。社会にとって新たな価値を提供したのだから、儲かるのは当たり前だ！」と、自らの正当性をことさらに強調するかのように。

では、彼らは本当に発明家なのでしょうか？

日本におけるIT長者の代表格である「楽天」は、楽天市場というネットショッピングモールで成功しましたが、その原型はアメリカにあります。もともとは私も旧知の仲であるハーバード大学の研究者がクリエイトした「Viaweb」というビジネスがあり、それをYahooが買収して「Yahoo! store」になりアメリカで成功しました。そして楽天は、Viawebのソフトウェアのライセンスを取得して日本に持ち込んで成功しました。日本に持ち込んだのはイノベーションなわけですが、楽天の発明ではありません。

これは世界最大の検索サイト「グーグル」にしても同じことです。世間では「グーグルこそが検索サイトの革新を成し遂げた」と思われていますが、その開発自体は、私のカーネギーメロン大学の同窓生であるマイケル・ローレン・モールディンが先駆けて成功しました。彼は世界初のスパイダー（検索ロボット）のpursuit engineを開発し、「Lycos」を創業します。グーグルが行ったのは「ページランク」というサイトの重要度を決定するアルゴリズムを付与しただけです。この「ページランクこそが革新であった」といわれればそれまでですが、研究者の立場から見れば、それほどたいした技術ではありません。

つまり、ＩＴ長者たちは「ゼロから何かを生み出した」わけではなく、すでに発明されたものに少し手を加えただけなのです。だからこそ、彼らは「インベンション（発明）」ではなく「イノベーション（新しい活用法）」という言葉を使うのでしょう。

ただ、だからといって楽天やグーグルを否定する気はありません。社会に新たな価値を提供するイノベーションもたしかにあります。しかし、「新たな付加価値を提供した！」とうそぶいて、実際には実ニーズに即した価値をまったく提供していないＩＴ長者がいるのも事実です。そして、彼らは金融資本家たちの手先とも呼べる存在です。

金融資本家は彼らに投資することで株価を吊り上げ、実態のない利益を貪ります。そして、当のＩＴ長者たちは、何ら社会に有意義な貢献を果たしていないにもかかわらず、「自分たちこそ現代の勝ち組だ」と各所でいいふらし、虚経済が支配する社会の階層化を強めていくのです。私は彼らのことを「ＩＴ（インフォメーション・テクノロジー）」ではなく「ＩＭ（インフォメーション・ミミック）」と呼んでいます。つまり、情報化社会の勝者であるかのごとく擬態した、社会の寄生虫です。

金融資本家の奴隷にならないために

先日、上場したＬＩＮＥが日本で起業していた場合、私はこれほど成功しなかったと思っています。なぜなら、ＬＩＮＥの成功はその発明性にあるわけではなく、韓国政府や投資家が強力に後押ししたことが最大の要因だからです。技術的には、既存のＳＮＳの一形態に過ぎません。ですから、技術的な側面だけでいえば、ＬＩＮＥが日本で起業していてもまったく不思議ではありません。しかし、その場合は既得権益を守る風土の強い日本において、真っ先に潰されてしまう可能性が高いのです。

同じように、先述した楽天の成功の鍵は、三木谷社長が元銀行員であることが大きいと思います。技術的にはアメリカの受け売りであり、誰が始めてもおかしくないビジネスでしたが、保守的な日本において元銀行員、それも当時は金看板であった日本興業銀行員という肩書が投資家に大きな安心感を与えました。

また、興銀時代にハーバードＭＢＡを取得したことも資金を提供する国際金融資本に安心感を与えました。

つまり、ＩＴ産業において成功するかどうかの分岐点は、その発明性、革新性の有無よりも、金融資本の後押しを得られるかどうかにかかっているのです。

これがＩＴ産業の現実であり、「ＩＴ長者＝勝ち組」というのは本書の読者の皆さんはストレートには受け取めないでしょう。

同じように「ＩＴを中心とした第三次産業こそが、現代の中心産業である」といった幻想も即刻捨て去るべきです。そもそも第一次産業、第二次産業、第三次産業といった区分こそ、金融資本家が学者を通じて行った洗脳の一端です。この区分の与えるイメージは次のようなものです。

「次元が上がるほど生産性が高まり、社会の中心産業となる」

はたしてそうでしょうか？　現代の第一次産業は、超ハイテクの世界です。遺伝子組み換え種子を開発したモンサント社は、そのビジネスモデルこそロビー活動で既得権益を作り出す金融資本主義の権化ですが、テクノロジー自体はＩＴ産業に引けをとらない高度な次元にいます。食料の生産高という〝実ニーズ〟に即して考えれば、生産性においても飛躍的な進化を遂げているのです。日本においても、「花粉症にならないササニシキ」が開発されたという噂があります。すでに現在の第一次産業は、富士通や日立、ＮＥＣよりもはるかにハイテクな世界です。

しかし、金融資本家にとっては第一次産業が第三次産業よりも生産性が高くては困ります。なぜなら、金融資本自体が〝虚ニーズ〟に基づく第三次産業であり、〝虚経済〟においては第三次産業こそが頂点に君臨していなければならないからです。

このように金融資本家がメディアや学者を通じて流布しているイメージには、現実と乖離したものが数多くあります。それを鵜呑みにして「負け組」だと自分を卑下してみたり、「勝ち組」だと尊大になるほど愚かなことはなく、両者は等しく金融資本家の奴隷だということを忘れてはなりません。

「職業」は金を稼ぐためにあらず。やりたいことをやれ！

では、国際金融資本の奴隷とならないために、私たちはどう生きればよいのでしょうか？その答えは至ってシンプルです。

「やりたいことをやれ！」

この一言に尽きます。日本では「やりたくないことを我慢するからお金がもらえる」「やりたくないことでも自分がやらないと会社も社会も回らない」という、とんでもない誤解がまかり通っています。まさに奴隷の考え方です。

そもそも「職業」とは、「お金を稼ぐ」ことが本質ではありません。お金を稼ぐのはファイナンス活動であり、それは副業でも株式投資でも不動産投資でも何でもいいのです。職業の本質的な定義とは、「社会に機能を提供すること」です。教師は「教育」という機能を提供し、医師は「医療」という機能を、警察官は「治安」という機能を提供します。賃金は、結果としての対価でしかありません。「職業に貴賤なし」という言葉がありますが、それは「社会に必要とされている機能を提供する」という点で平等だからです。

例えば、海外の富裕層は、慈善事業を積極的に行います。彼らは、投資などいわゆる「不労所得」で莫大な資産を形成しており、何ら社会に必要とされる機能を提供していません。つまり、「無職」なわけです。しかし、慈善活動を行うことで社会に機能を提供しており、その意味で慈善活動が彼らの職業なのです。

よく投資をあおる媒体で、「投資に成功して悠々自適なセミリタイア」などと満面の笑みを浮かべて登場する人がいますが、その代わりに慈善事業や啓蒙活動に従事していないのであれば、彼らは単なる無職であり、何をそんなに自慢することがあるのか私には理解不能です。海外では無職は蔑まれる対象なので、慈善活動という職業に精を出すのです。

このように職業をお金と切り離して考えた場合、やりたいことをやるのが一番というシンプルな結論にたどり着きます。

「それじゃあ、お金が稼げなくて生活できない」

そう主張する人もいるでしょう。それならば、複数の職業を持てばよいのです。これからはダブルワークが当たり前の時代になります。嫌な仕事に人生の大半を捧げて年収500万円稼ぐなら、自分のやりたい仕事で250万円ずつ稼いだ方がよっぽど有意義ではないでしょうか？　もっといえば、年収300万円あれば最低限生きていけるわけですから、年収100万円の好きな仕事を3つ掛け持ちすればいいのです。これならば、ちょっと工夫さえすれば、そこまで難しくはないはずです。

それでも「好きな仕事なんて、みんなやりたがるから稼げない。やりたがらない仕事だから高い給料がもらえる」と言い張る人がいるかもしれません。ですが、誰もが好きな仕事をするようになれば、やりたくない仕事の給料はもっと上がります。そうなれば〝やりたくない〟はずの仕事に応募者が殺到し、〝やりたい〟仕事になってしまうからです。

それ以前に、牛丼のすき家がワンオペ問題で24時間営業を一時休止したように、やりたくない仕事を誰もやらなかった結果、深夜営業自体がなくなる可能性もあります。しかしそれは、深夜営業がもともと社会にとって不必要な機能だったということに過ぎません。

このように「お金を稼ぐために嫌なことを我慢して長時間働く」という行為は、奴隷同士のチキンレース以外の何物でもありません。このチキンレースから抜け出すには、「職業とお金を切り離して考える」という〝革命〟を頭の中に起こすしかありません。

さらに言えば、同じ職業であっても、まったく同一の機能を社会に提供するということは起こりえません。ロボットが行うのであれば可能かもしれませんが、人間が従事する以上、人間の数だけ商品・サービスが生まれるわけです。その自分なりの商品・サービスにどれだけ付加価値をつけ、社会に機能を提供していけるかなのです。

例えば、好きなことを仕事にしていると思われている俳優にしても、一人ひとりの個性があり、二人と同じ俳優はいません。必ず主役を張る人もいれば、脇役に徹する人もいます。そのなかで、どう自分なりの付加価値を生み出して、映画や舞台に必要とされる存在になれるかが重要であり、「稼げるかどうか?」は二の次です。

それでもし稼げなかったら、石に噛り付いて頑張るのも自由ですし、他に好きな職業を見つけて転職するのも自由。それと同じ感覚で、世の会社員も職業を選択すべきなのです。

ブラック企業同然の環境で、奴隷のように働いて年収500万円を得るのが本当に幸福なのかと、今一度問い直してみてください。年収300万円でもよいのであれば、選択肢は無数に広がります。第三次産業でなくてもよいのです。第一次産業、第二次産業、大いに結構です。なんとなれば社会保障制度があります。

よく生活保護など社会保障制度が批判されますが、とんでもない話で、成熟した国家としては当然の制度です。それよりも批判されるべきことは、「職業＝稼ぐこと」というデマが広がるあまり、社会に機能を提供すること自体を放棄する人間を生み出していることです。

釈迦は「自分を含めて、この世のすべては他の何かとの関係性で成り立っている」と〝悟り〟を開きました。つまり、世界は「縁起」によって成り立っています。この縁起を捨てた人間は、世界から見放された孤独な存在です。**金融資本主義の奴隷の行き着く先は、絶**

対的な孤独であり、人間としての存在意義の消滅です。これは「経済」の本来の意味である「経世済民＝世をおさめて、民をすくう」とは正反対の結末です。

ですから、今こそ金融資本主義の洗脳から抜け出し、私たちは頭の中で革命を起こさなければなりません。チェ・ゲバラのようにマシンガンはいりません。

「やりたいことをやれ！」

繰り返しになりますが、あえてもう一度いいます。なぜなら、これが金融資本主義に抗う私たちの革命の第一歩なのです。虚ニーズに踊らされ、必要のない物を買うために、必要のない労働に従事する日々とは、今すぐに決別しなくてはなりません。

人工知能よりも恐ろしい、人間自身の「生産性の低下」

最後に、なぜ私が「やりたいようにやれ」というのか、その理由をもうひとつ付け足して、次章に繋げていきたいと思います。

それは2050年に必要とされているだろう機能を、現時点で推測することはできない、ということです。そして、何が必要とされるか分からない以上、功利的なモチベーションよりも自分の感性に従って生きた方が、結果として生産性の高い商品・サービスを生み出せる確率が高いからです。

例えば1980年代から、私は一貫して企業や政府関係者に「これからはサイバーセキュリティが重要になる」と主張してきました。しかし、当時のインターネットは現在のように一般に普及しておらず、アメリカ軍と一部の研究者のものでしたから、当然のように無視も同然の扱いを受けました。幸い「意味はわからないけれど、お金は出す」という方がいたので、何とか開発することができましたが、その後、サイバーセキュリティの重要性が急激に認識されていったのはいうまでもありません。人工知能についても同様です。そして私自身、ジャストシステムの本社開発本部ディレクター、基礎研究所所長などを歴任しました。

これはグーグルにしても、アップルにしても同じことです。誰もが想像がつくアイデアは、一過性のものに過ぎません。**本質的に世界にインパクトを与えるような技術・発明は、20年、30年前には誰も想像がつかないようなものなのです。**そして、単に「お金を稼ぐため」というモチベーションでは、それを思いついたとしても、実現化までもっていくことはまず不可能です。必ず途中で挫折してしまっているはずです。

つまり、**業界にパラダイムシフトを起こすような爆発的な生産性を実現する人は、お金のために働かない人です。**このことは、金融資本主義の洗脳によって人々がお金のために働くようになった結果、世界の生産性が著しく低下していることが、逆説的に証明しています。

こう述べると、「生産性が低下しているはずがない」と反論する人もいるかと思うので、具体的に検証してみましょう。

30年ほど前、私がカーネギーメロン大学で使用していた世界最先端のコンピュータと現在誰もが持っているスマートフォン。どちらがコンピュータとして優れていると思いますか？　その答えは「スマートフォン」です。皆さんが家やオフィスで使用しているパソコンに至っては、かつて私が研究に使用していたコンピュータの数百万倍のＣＰＵパワーを持っています。

また、イェールとカーネギーメロン大学院に留学しながらも勤め続けていた三菱地所では、ロックフェラーセンターの買収などに関わりましたが、当時は電子メールなどなく、紙の書類でやり取りしていたため、ひとつの稟議書を通すのに何日も待たなくてはなりませんでした。

このようにビジネスを取り巻く環境は、30年前から格段に進化を遂げています。ですが、日本の名目ＧＤＰ（国内総生産）は20年ほど前から５００兆円前後で横ばいを続けています。労働人口にも有意な変化はありませんから、労働者一人あたりの生産性もほぼ変わっていないことになります。これは一体どういうことでしょうか？　テクノロジーの進歩は、人間の生産性に何ら変化を与えないということでしょうか？

そんな馬鹿な話はありません。日常生活を考えてみても、交通機関や家電製品の進歩によって、移動や家事に割く時間・体力は大幅に軽減され、その分を仕事に費やすことができます。本来ならば、テクノロジーの進歩によって生産性が大幅に上昇していなければおかしいのです。

ここから導き出される結論はひとつです。**この20年、30年間で、ほとんどの人間の生産性は、テクノロジーの進歩に反して低下の一途を辿っているということです。**その一方、お金のためではなく感性のおもむくままにビジネスを展開し、生産性の爆発的な向上を実現したグーグルやアップルなど一部の人間が、莫大な資産を手にすることになりました。

そして、「サイバー独立国」の項で触れたように、国際金融資本家にとってグーグルやアップルのようなサイバー空間から彼らの支配を揺るがす企業は、非常に目障りな存在です。金融資本家の理想は、自分たち以外のすべての人間がお金のために働き、目先の利益のためにインンベンションもイノベーションも生み出さず、ただロボットのように単純労働をこなす世界だからです。

日本からはグーグルやアップルなど爆発的な企業は出現しないとよくいわれますが、それは日本人にクリエイティビティがないからというわけではありません。むしろ一昔前を振り返れば、才能溢れるエンジニアが日本の高度経済成長を支えてきました。その日本人の生産性が著しく低下しているということは、それほどまでに金融資本家の洗脳が社会の最深部まで浸透してしまっているということです。おそらく根本的に勤勉実直な日本人の性向とロボットのような労働者を生み出そうとする金融資本家の思惑が、悲劇的に一致してしまった結果でしょう。

今では経団連も政治家も官僚もメディアも、金融資本家の指示通りに動く非常に精巧なロボットと化しています。ですから、この国を支配する論理に耳を貸す必要はありません。それよりも、**自らの感性に従ってやりたいことをやる勇気**。これこそが、今を生きる日本人にもっとも求められる資質ではないでしょうか。

第7章

2050年の日本
生き残るには生産性を上げるしかない

The future
expectation in 2050
Chapter 7

人工知能でなくなる仕事とは？

前章では「頭の中に革命を起こせ」と述べましたが、そもそも2050年の未来においてビジネスシーンは劇的に変化していることが確実です。なぜなら、第2章でも指摘した通り「人工知能」が実用化され、日常生活に欠かせないものになっているからです。

現在も「人工知能でなくなる仕事」という特集がメディアで度々組まれていますが、いずれも漠然としたものばかり。そこでまず、どの程度の仕事が人工知能に置き換わるのか、「銀行」を例にとって具体的にシミュレートしてみましょう。

銀行の業務は、主に「運用」と「貸付」の2種類から成り立っています。一番利用する機会の多い「預金」は、預かったお金を銀行が運用するわけですから、運用業務の一部と考えてください。

この窓口預金業務はルーティンですから、即座に人工知能で置き換えることが可能です。そして、預金の運用についてですが、これも人工知能の出番となります。お金を預けている側としては、できるだけ手堅い運用をして欲しいわけで、トレーダーやディーラーの判断という不確定要素に委ねられている現状より、人工知能による運用の方が望ましくもあり、歓迎されるはずです。

次に「貸付」ですが、これは「審査」と「決済」という2つの業務からなります。ルーティンである「決済」は、人工知能で置き換え可能と簡単に想像がつくでしょう。では、「審査」はどうでしょう？　一見、人間の方が柔軟に対応できそうな気もしますが、これも運用と同じく人工知能の方が適していると考えられます。なぜなら、「経営者と膝を交えて話し合い、将来性と人間性で判断する」などというアナログな手法は、あまりにリスクが大きいからです。

バブル期に、銀行がどれだけの不良債権を抱えたことか。基本的に詐欺師ほど人たらしで、大言壮語を吐くものです。つまり、人を見た結果が不良債権の山であり、審査において人間性がどれほど当てにならないか銀行は身をもって痛感しました。ですから、現在では経営指標などデータを重視する傾向になっており、そうした業務は人工知能の方が得意とする分野なのです。

また、「運用」「貸付」の双方に関わる業務として「営業」があります。「これはさすがに人間の出番」と思われるかもしれませんが、営業も人工知能で十分です。というのも、ＩＴ化が進めば進むほど、営業におけるウェイトは、対人関係よりもマーケティングと広告宣伝の占める割合が大きくなっていきます。そしてマーケティングと広告宣伝は人工知能の得意とする分野であり、こうして細かく業務ごとに分析してみると、銀行はほぼ無人化が可能だという結論に達します。

このように銀行でさえ無人化が可能ですから、一般企業の総務、経理などのデスクワークはほとんど人工知能で代替できると考えられます。

では、ＩＴ産業を支えるシステムエンジニアはどうでしょう？　これもまた、人工知能の登場で真っ先になくなる仕事のひとつです。ソフトウェアは人工知能が自動生成し、運用も人工知能の方が正確ですから、エンジニアは仕様書を書いて、クライアントと折衝するだけの仕事になります。つまり、エンジニアとは名ばかりの営業職です。そして、銀行業の検証でも指摘したように、営業のなかでもマーケティングと広告宣伝は人工知能の分野ですから、その仕事はほとんど消滅するといっていいでしょう。

さらに、工場のライン作業に代表される単純肉体労働も、人工知能搭載のロボットで真っ先に代替される仕事であり、こうして見ていくと、非常に多くの仕事が２０５０年には必要なくなっていることが分かります。しかし、ここまではあくまで週刊誌の特集でも取り上げられている範囲内です。私の予測では、２０５０年はメディアが予想もつかないほど、もっと劇的な変化が訪れています。**公務員も官僚も政治家も、総理大臣でさえ人工知能に置き換えられ、ひとつの国がひとつの巨大な人工知能網で成り立つ世界。**そんなＳＦのような時代になっていてもおかしくないのです。

公務員はすべて人工知能になる

ただ、いきなり「人工知能が総理大臣になる世界」といわれても納得できない人がほとんどと思います。ですから、その論理的根拠をこれからお話ししていきたいと思います。

人工知能と人間の仕事の関係を考える時、「弁護士は人工知能で置き換え可能か？」という問いは非常に有用な示唆に富んでいます。それは、弁護士の業務の本質が「法的代理人」だからです。つまり、原告や被告人本人に法的知識が十分にないため、代わりに法律の専門家が弁護を行う。これが弁護士の業務です。

では、法律の知識を十分に蓄えた人工知能があったとしたら、弁護士は必要でしょうか？

もちろん必要ありません。なぜなら、弁護士に頼まず、本人がその人工知能を駆使して自分を弁護すればいいからです。このように「本人に知識や技術や時間がないがゆえに、別の誰かが代理で行う仕事」という括《くく》りで考えると、人工知能で代替できる仕事の範疇がより鮮明に見えてきます。

例えば、国会議員。国会議員は選挙によって選ばれた国民の代表です。つまり、本来であれば国民が政治に参加する役割を、便宜上彼らが担っているに過ぎないのです。ということは、「国民の投票」というプロセスさえ担保されていれば、議員が人工知能であってもまったく問題ないわけです。

同じように警察も人工知能で代替可能です。なぜなら、警察官とは正式には司法警察職員の一種、つまり国民の代わりに刑事訴訟法に則って刑事事件の捜査を行うことが、その業務だからです。「国民の代わり」の仕事ですから、人工知能が従事していた方がリスクがなく、国民にとっては安心できるはずです。

このように「誰かの代わり」という視点で考察すると、すべての公務員の業務は、汚職や怠慢がなく、期待通りの働きをする人工知能の方が優れていることになります。それだけでなく、税理士や会計士、行政書士といった国家資格である士業もその範疇。医師も「本人の代わりに手術や治療を行う」のが仕事ですから、ミスの少ない人工知能の方がベターです。すると、**最終的に国家の機能の中枢として残るのは、内閣総理大臣と検察庁長官と最高裁長官の3人ぐらいです。しかし、その3人すらやがて人工知能に置き換えられ、巨大な人工知能網が国家を運営する時代がやってくるのです。**もちろん防衛大臣は真っ先に人工知能になるでしょう。

ただ、ここまで到達するにはもう少し時間がかかり、現実化するのは２１５０年くらいの話でしょう。２０５０年は、その過渡期にあり、公務員の仕事のうちルーティン色が強いものから、徐々に人工知能に置き換わっているはずです。

なくなる仕事は「いらない仕事」

こうしたことを指摘すると、「人工知能を過大評価している」「そんなに多くの仕事が人工知能に奪われたら社会が崩壊する」といった声も聞こえてきます。しかし、私にいわせれば「人工知能でなくなる仕事」と表現すること自体が誤りであり、「社会にとって本来必要のない仕事」だったというだけです。

弁護士は、訴訟当事者に知識や経験がないがゆえに、やむを得ず任せられているだけです。そもそも弁護士をつけるかどうかの判断は原則任意で、当事者に知識がある場合は弁護士をつけない「本人訴訟」も少なくありません。少額訴訟の場合はなおさらで、弁護士費用で赤字になってしまうので、弁護士をつけないことがほとんどです。

つまり、本人に十分な知識と経験と時間さえあれば、弁護士とは本来必要のない仕事なのです。人工知能の進化によって、その知識と経験と時間を誰でも手軽に補えるようになれば、高額なギャランティを支払ってまで弁護士をつける人はほとんどいなくなります。

これは一般企業にしても、同じことです。会社の成り立ちを考えた場合、その原点は一人、もしくは数人の創業者によって立ち上げられます。この時点では、会社のすべての業務を彼らが担当しているわけです。しかし、会社の規模が大きくなるにつれ、創業者だけでは時間的・肉体的にすべての業務をこなすことが難しくなり、労働者を雇って自分たちの代わりに働かせます。つまり、企業に雇われている労働者は「創業者の代わり」に過ぎません。優秀な人工知能が安価で手に入れば、創業者をはじめとする経営陣は、喜んで人工知能を導入するでしょう。

ではなぜ、本来「いらない仕事」に人々が従事しているのか？　それは単純にコストの問題に過ぎません。労働者を雇うコストと人工知能を導入するコストを比較した時、現時点では労働者を雇う方がコストが安いから雇用という選択をしているだけです。このことは、安価な労働移民によって国内の労働者の仕事が奪われる構図と、本質的には同じことです。**現時点では途上国の労働者と先進国の労働者の間での争いが、２０５０年には人間と人工知能の争いに置き換わる。**つまり、人間の労働者は人工知能の生産性および開発・導入コストと争わなくてはならないのです。はたして勝ち目はあるのでしょうか？

この場合、人間に残された選択肢は2つしかありません。生産性を劇的に向上させるか、人工知能よりも安価な労働力として貧困層へと転落していくか。前者は富裕層として超高層ビルに住み、後者は地下へと潜っていく。これが２０５０年の超格差社会の生々しい姿です。

生産性を劇的に向上させる道

さて、人工知能に勝って生き残るには「生産性を上げるしかない」と述べましたが、具体的にはどうすればよいのでしょうか？　資格を取ってスキルアップする？　ＩＴツールを駆使して作業効率を上げる？　いずれもまったく話になりません。こうした誤った言説がまかり通っているからこそ、前章で指摘したように日本人の生産性はここ数十年、低下の一途をたどっているのです。

スキルアップや作業効率などは、それこそ人工知能の一番得意とする分野です。あなたがいくら頑張ってスキルを磨こうとも、カーネギーメロン大学等の超一流の研究者が安価で優秀な新型人工知能を開発した途端、それは世界中に一斉に実装され、その瞬間に苦労して磨き上げたビジネススキルは無用の長物となります。

要するに、一般に生産性を上げるために行うべきとされている努力は、ほとんどが方向性を誤っているのです。**人間にしかできない生産性、それは効率化や最適化だけではたどり着けない、まったく新しい何かを創造したり表現したりすることです。**

これは言い換えれば「自我」の領域を鍛えるということ。人間にあって人工知能にないもの。それが「自我」であり「煩悩」です。つまり、前章で繰り返した「やりたいことをやれ！」とは、自我を鍛え、人間としての本来の能力を発揮しろ、という意味でもあります。

逆にいえば、「いらない仕事＝誰かの代わりにやる仕事」とは「自我を必要としない仕事」

なのです。工場のライン作業において、「今日は妻と喧嘩して気分が悪いから適当にやろう」といった自我は、必要ないどころか極力排除したい類のものです。同様に「金が欲しいから企業に献金させよう」「出世したいから外資の言いなりになろう」。これもまったく不必要な自我です。

では、自我が必要な仕事とはなんでしょう？　ソニーのウォークマンは「誰かの代わり」に開発されたものではありません。iPhoneもジョブズでなければ誕生していなかったでしょう。日産GT-Rも水野氏という稀有なエンジニアがいたからこそ、最高級の性能と安全性を兼ね備えています。それらはすべて「こうしたらちょっと面白そうだぞ」「ここをいじったらもっと便利になるな」といった純粋な自我から生まれてきたものです。

別に「この商品で大儲けできそうだ」という金銭欲でも構いません。前章でグーグルや楽天の例を挙げましたが、彼らは開発済みの技術に多少の創意工夫を加えてビジネスとして大成功を収めました。では、誰かがやろうと思えばできたことで、なぜ彼らだけが成功したのか？　それはひとえに成功への欲が強かったからだと思います。人一倍強い成功への欲で、新たなビジネスモデルを形成したからこそ、劇的に生産性を上げることに成功したのです。これはデリバティブを生み出した金融資本家にもいえることです。

皆さんのなかには「自我を押し殺して従順に働くからこそ対価として賃金がもらえる」と思っている人もいるでしょう。仕事はお金のためと割り切って、その分、趣味で好きなことをやる。ワークライフバランスを大切にしよう。最近、このような言説をよく耳にするようになりました。

もうお分かりだと思いますが、これこそ金融資本家による洗脳にほかなりません。金融資本家にとっては、低水準の生産性で単純労働に従事する、まるで自我のないロボットのような存在ほど都合のよいものはありません。社会の大多数の人々をロボット的労働者として調教し、自分たちだけがデリバティブや仮想通貨など新たなビジネスモデルを生み出すことで生産性を上げ、世界の支配者たる特権を築く。これが金融資本家の行動理念です。

そのために彼らはメディアを使った洗脳だけでなく、教育へも強い影響力を奮っています。官僚や弁護士を養成する法学部、銀行家の論理である経済学部、さらには商学部、経営学部などは、大学院で専門訓練をして学ぶことであり、学部の学問ではありません。人間の自我の発露を促すリベラルアーツ（教養）は軽視され、ロボット予備軍を育成するために職業訓練的な知識だけを叩き込んでいく。その結果、電通のようなブラック企業が就職希望ランキングで上位だったりするわけです。

このような奴隷を生み出す教育によって、無意識的にそれを受け入れてしまう文化を**「coercive culture（コアーシブカルチャー＝抑圧的な文化）」**と呼びます。

電通を目指す学生自身はクリエイター気取りかもしれませんが、電通を目指している時点で奴隷教育のインプットが完了した証拠であり、非常に生産性が低いといえるでしょう。**コアーシブカルチャーのもとで育った人間は、十分に自我の発露を促進され、自我の赴くままに生きる人間に比べて、その生産性が７５６分の１にまで低下するというデータがあるほどです。**

にもかかわらず、電通社員は高給取りであり、また、いかにもクリエイティブな仕事をしているかのようなイメージがあります。実際は金融資本家のロボットとして彼らの意向に従順に従っているだけですが、ロボット教育を施された学生たちは電通で代表されるような企業こそクリエイティブと勘違いして憧れてしまう。お金という道具を担当するに過ぎない銀行や証券会社を、社会を動かす中核産業であるかのように勘違いして殺到する。

こんな悪循環はなく、教育まで巻き込んだ金融資本家の洗脳は恐るべき猛威を振るっています。特に日本への影響は甚大で、世界の大学ランキングで東大は39位、京大は91位、早稲田、慶應にいたっては500位以下と箸にも棒にもかかりません。海外からすれば、「日本は、せっせと奴隷を調教するための教育をしているな」くらいの印象なのでしょう。

そして、コアーシブカルチャーで調教済みの著しく生産性の低い人間が社会のトップに立つことで、新たなインベンション、イノベーションの芽を摘み取っているのが日本の現状です。

ですから、この負の連鎖を断ち切るためにも、私たちは職業知識ではないリベラルアーツを広く学び、自我の命ずるまま「want to」に従って生きるほかありません。

どんなにビジネススキルを磨いても、誰かの代わりに過ぎない仕事をしている以上は、金融資本家の奴隷であり、人工知能と同等の扱いを受けても文句はいえません。新しいものを生み出すためには「自分がやりたいことをやる」以外に道はないのです。

価値観をドラスティックに転換させろ

しかし、「新しいものを生み出す」といわれても、実際に何をすればいいか分からない人もいるでしょう。画期的な商品やサービスを開発する？　ミュージシャンになる？　小説家になる？　そもそもクリエイターにならないとダメということ？

　こんな疑問に答えるために、私も長年のファンの、あるバンドについて紹介しましょう。そのバンドは「ザ・パロッッツ」という、その名の通りビートルズのパロディ、つまりコピーバンドです。六本木のライブハウス「Abbey Road」を拠点に、すでに25年以上活動していますが、彼らのすごいところは、イギリス・リバプールで開催される「ビートルズ・コンベンション」に参加し、本場の観衆をも熱狂させてしまうほどの完成度です。

　ですが、いくら完成度が高くとも、突き詰めればビートルズを聴きたければレコードをかけるのが一番の近道で、それが唯一の方法です。本当のジョン・レノンの歌声はそこにしかなく、オーディオマニアの私の自宅には良い環境が整っています。しかし、それでも私はザ・パロッッツを聴きにいってしまう。これは一体どういうことでしょうか？

　リーダーの吉井氏は20代の頃から40年以上、つまり１９８０年に40歳で亡くなったジョン・レノンの人生よりも長く、ジョン・レノンとして音楽をやっており、ポール・マッカートニーとも共演を果たしています。つまり、そこにはジョン・レノンのコピーでありながら、本人とは別の新たな価値が生まれているのです。そして、その価値は将来ジョン・レノンそっくりの人工知能を搭載したロボットが登場したとしても再現することはできません。

このように人工知能が発達し、社会がデジタルになっていくほど、人間的な部分、アナログな部分の価値が相対的に上がっていく現象が起こるでしょう。

そもそもミュージシャンになれば、すなわち生産性の高い人間かというそんなことはありません。新しい音楽を生み出せるのは一握りの天才たちだけですし、将来的には人工知能が音楽理論を完全に理解し、「どんなメロディやビートが人間の脳を刺激するか？」「どんな歌詞が心に響くか？」という分析を加えることで、人間以上に新しい音楽を生み出す可能性もあります。しかし、そんな時代においても、私はザ・パロッツを聴きにライブハウスに通うことでしょう。デジタル技術の革新がアナログの価値を高めていることは、音楽が簡単にダウンロードできるようになってから、相対的にライブの価値が上昇していることを見れば、２０５０年を待たずとも理解できるかと思います。

例えば、銀行は無人化するといいましたが、人工知能搭載の若いロボットよりも、年季の入ったいかにも〝やり手〟なオーラを漂わせた人間のおじさんの方が信用できるというニーズは必ず残ります。教師が人工知能に置き換わったとしたら、人間の家庭教師をつけたいというニーズは相対的に高まるでしょう。第１章でも指摘したように、白熱電球が数十万円で取引されているかもしれません。

つまり、デジタル社会、サイバー社会となった２０５０年では、アナログであること自体が価値として成り立っている可能性が高いのです。そして、「アナログ＝人間らしさ」であり、「人間＝自我」です。つまり、必ずしもクリエイターでなくとも、やりたいことをやり続け、その世界で唯一無二の自我を発揮できれば、そこにニーズが生まれ、価値が生まれます。

ですから、**これからの時代の「付加価値」とは、決して世間がいうようなデジタルなスキルや狭い専門性ではありません。人間が長い歴史の中で培ってきたリベラルアーツを学び、広く深い人間性を身につけること。その上で、やりたいことをやり、社会のニーズに適った機能を提供できる人間になっていくことが重要なのです。**

「仕事」はなくなっても、「職業」はなくならない

ただ、アナログの価値が高まるといっても、多くの仕事がなくなることは確実です。例えば、自動運転技術は２０５０年までには確実に実装されており、こと運転においては自

我などより正確性が求められますから、運転手という仕事は消滅するでしょう。一部富裕層の間では人間の運転手を雇うことが流行するかもしれませんが、やはり社会全体としてはほとんどの運転手が仕事を失うことになります。

そして、こうした予測をもってメディアは危機感を煽っているわけですが、それは根本的に「仕事」と「職業」を混同した見当違いな主張です。前章でも指摘したように、「職業」とは「社会に提供する機能」のことを指します。この概念に沿って考えると、仮に運転手という仕事がなくなっても、社会にとって交通手段を提供するという機能は必要ですから、別の形の仕事が生まれることになります。

運転は人工知能が行うとしても、その人工知能を管理・整備・点検する仕事が生まれます。自動運転の実装にともなう新たな問題点を検証・対策する人間も必要ですし、また、自動運転用の人工知能を開発するエンジニアも必須です。つまり、「職業」という単位で考えれば、仕事がなくなるというマイナス面よりもむしろ、長時間拘束の単純労働である「運転」という面倒な仕事を人工知能が行う代わりに、人間はもっと効率的で生産性の高い仕事に従事できるというプラス面の方が大きいのです。

ですから、「人工知能が進化すると人間の仕事がなくなる」という懸念は、杞憂でしかありません。ただ、単純労働は確実に減っていきますから、生産性の低い人間から順番に貧困層に押し込められていく現象は起こるでしょう。しかし、それは今も同じことです。たまたま生産性の低い人間でも就職さえうまくいけば、虚経済において「勝ち組」となれる可能性があるだけで、そんなものは元々いずれ崩壊するしかない虚構です。

付加価値のある人間になること。さらに、付加価値の意味と方向性を誤らないこと。お金を稼ぐことが職業だと考えず、好きなことに生きること。

今、この生き方を実践することは、なかなか世間に受け入れられないかもしれません。「何を馬鹿なことをやってるんだ。公務員になって手堅く生きた方が賢いじゃないか」。時には、そう批判されることもあるでしょう。ですが、考えてみてください。私が30年前に人工知能やサイバーセキュリティの研究に没頭していた時、その重要性をほとんどの人間が理解できていませんでした。それが今は、「人工知能の時代が到来！」「サイバーセキュリティに備えろ！」と大騒ぎです。

断言しましょう。**今の世の中に即した生き方では、2050年に尊厳ある一人の人間として生きることはできません。**未来において目を開いていられるのは、時代の流れとニーズを読み取り、いち早く価値観と生き方を転換させた人間だけなのです。

日本にしか果たせない役割

これから2050年の未来に向かって生きる日本人へ、最後にひとつ、伝えておきたいことがあります。それは、**日本ほど安定した状態を維持してきた国家は世界中に存在しないということです。**ひとつの国家として、日本のように2000年以上の歴史を持つ国はありません。日本だけが、これだけ国家が長く存続しているということは、それだけ社会が成熟している証です。

そして、成熟した社会には覇権主義・帝国主義が生まれません。自制心があり、エゴや利己心に囚われず、社会のバランスと安定を考えることができる。現代の日本で、貧困のあまり餓死するなどあり得ません。もし起こったとしたら、それは本人が餓死を選択したケース、つまり自殺の場合のみです。よくセーフティネットが薄いといわれますが、日本の社会保障制度は十分手厚い部類に入ります。一部の資本家が富を独占した結果、多くの国民が餓死するほど困窮し、その不満を他国を侵略することで解消してきた節操のない国々とは成り立ちが違うのです。

遡れば、日本は江戸時代までお金ではなくお米を中心とする社会でした。農民は搾取の対象のように語られますが、実際は良心的な藩主のもとで暮らしていた層が大半です。繁忙期は年に数カ月で、繁忙期以外には神事である祭りをしていたので、今でも日本全国に無数の祭りが残っています。

凶作、豊作はありますが、基本的にインフレやデフレといった概念、および景気循環はなく、「預かった米を運用して8倍に増やす」なんて馬鹿な話もありません。米を中心とした節度ある経済規模の中で、それこそ「経世済民」が行われていたわけです。

これは世界に対して日本が誇れる素晴らしい文化です。日本人はあまり知らされていませんが、こうした日本社会の成熟した歴史は、海外から非常に高い評価を受けています。

しかし、そのような状況も近現代において一変してしまいました。明治以降の資本主義、帝国主義の流入で、日本はその成熟した安定的な社会を、自ら放棄する方向に走っています。金融資本主義、グローバリズム、そしてIT長者による企業買収。

今、日本は海外から尊敬される国民性を捨て、その他大勢の国々と十把一絡げになろうとしています。明らかに進化ではなく退行で、こんな馬鹿なことはありません。世界において唯一無二である安定と成熟の歴史を、外資や一部の虚業家に汚されてはなりません。

2000年以上前から続く天皇制を、ほとんどの国民が違和感なく受け入れている。これほど精神的に安定した国民性は、世界中どこを探しても存在しません。だからこそ、世界でただ一国だけ、戦争放棄を訴えられるのです。

今、世界は金融資本主義および金融資本家によって絶対的に支配されています。民主主義は資本主義によって蹂躙され、確実に息の根を止めようと迫ってきています。正直に政治家が胸に手を当てて答えれば、**お金以外の理由がないカジノ法を強行採決したことは、まさに民主主義が金権資本主義に敗北した証です。**この危機的状況にあって、金融資本の支配にノーを突きつけることができる社会は、やはり日本をおいてほかにないでしょう。

メディアにコントロールされないでください。権威のいうことを信頼せず、自分の目と頭で判断してください。国内企業の皮をかぶった、国際金融資本の動きから目をそらさないでください。そして、自分に付加価値をつけ、生産性を高めてください。自分に正直に、やりたいことをやってください。

日本が金融資本主義の支配を食い止める、最後の楯です。その責任を果たせるかどうかは、今を生きる私たち次第。2050年の未来は、日本人と国際金融資本の戦いの結果によって、その景色を大きく変えることでしょう。

トランプ政権誕生により アメリカは三流国になる

「トランプ当選によってアメリカが劇的に変わる！」

大方の予想を覆した大統領選の結果には、世界に衝撃が走り、世間ではセンセーショナルな文句ばかりが喧伝されました。予測不能の事態に、「ＴＰＰはどうなる？」「安全保障はどうなる？」など、目先の不安を煽るメディアたち。しかし、私はもっと抽象度の高い次元で今回の大統領選を分析すべきだと考えています。すなわち「政治とは何か？」という根本の話です。

政治とは本来、「国の未来に対する運営」であるべきです。人間は個人単位では放っておくと目先の利益だけを追い求めてしまうもの。しかし、それでは国家として成り立たないので、個人の煩悩から離れ、10年後、20年後、ひいては国家百年の計で、未来を見据えた大局観を持って運営していく。これが政治の本質であり、近代国家の存在意義です。絶対に勘違いしてはいけないのは、政治は「今を生きる人間のためのもの」ではないということです。今を生きる人間の利益、つまり煩悩に従属した政府が行うのは「政治」ではありません。

例えば、自民党は経済界から途方もない政治献金を受け、彼らの利益のために政策提言を行っています。トランプ氏当選によってTPPは実質消滅したにもかかわらず、TPP対策の予算は5000億円から、さらに7000億円に増額されました。白紙撤回が決まった条約に約1兆2000億円もの税金を投入する意図は、一部の利益団体への利益誘導にほかなりません。

一方、借金まみれで財政の緊縮が急務とする財務省に対しては、支持率の低下を恐れて聞かぬ存ぜぬを決め込んでいます。未来に向けたビジョンや財政健全化は忘却され、目先の煩悩に対してひたすらお金をばら撒く、国を動かす。その中心にいるのは、これもまた煩悩の塊ともいえる世襲議員たちです。具体的な話は個人を特定するので省きますが枚挙にいとまがありません。

こうした煩悩にまみれた政治もどきの先にあるのは、国家の破綻以外にありません。その意味で、日本ではいまだに真の政治は行われておらず、三流国といわざるをえない立場にあります。

翻って、アメリカを見てみましょう。アメリカもかつては、現在の日本と同じように個人の欲望を優先した政治もどきを行い、その結果、近代国家で唯一原爆を使用するという不名誉な国となりました。しかし1960年代以降、公民権運動の隆盛を契機に、「世界の超大国」としてアメリカなりの〝正義〟と〝ビジョン〟を持って政権が運営されるようになりました。その内実はウォール・ストリートの煩悩が渦巻いていたかもしれませんが、少なくとも表向きは個人の欲望を超えた理念を掲げる一流国の看板を保持していたのです。オバマ氏が黒人初の大統領に就任したのも、その〝一流国としての矜持〟ゆえでしょう。

しかし、ここにきてトランプ政権の誕生です。もともと不動産王であるトランプ氏は、いってみれば「アメリカン・ドリーム」の体現者です。この言葉が生まれたのは、1960年代以前、アメリカがまだ三流国だった時代。当時は、欲望に忠実になることと、ひたすら自己実現を目指すことが、単純に是とされていた時代です。ビジネスで成功し、テレビスターになり、それでもまだ満足できない。だから、政治家になってやる。個人の欲望としては究極のアメリカン・ドリームですが、自己実現欲の権化に等しいトランプ氏が国のトップである大統領に選出されたという事実は、すなわちアメリカが一流国の看板を下ろし、再び三流国に戻ったことを意味します。

トランプ政権をポピュリズムの象徴と揶揄する向きがありますが、ポピュリズム自体は民主主義と相反するものではありません。ここを勘違いしていると、「とはいえ、トランプ氏は民主的な選挙で選ばれたじゃないか」という安っぽい反論が成り立つわけです。そうではなく、問題はポピュリズムと政治家の自己実現欲や一部の既得権者の利益が結びつくことです。ポピュリズムと本来の民主主義の決定的な差異、それは政治が「今の国民のため」ではなく「未来の国民のため」に行われるかどうかです。つまり、民主主義の本質、近代国家の政治の本質は、常に「未来の国民のため」「未来の世界のため」でなくてはならないのです。

日本もアメリカも民主主義を捨てた

私が本書を執筆した意味も、まさに民主主義の本質に立ち返るためです。２０５０年の未来を予測することで、そこに向けたビジョンを持ち、２０５０年の人々のために動ける政治家を有権者のみなさんに選出していただきたいからです。

日本は敗戦後、表向きは民主主義国家として世界の一流国の仲間入りをしたことになっています。しかし結局は、戦前の既得権者を世襲で残したことにより、真の民主主義はいまだに根付いていません。挙句の果てには、外資に支配された経済界にいわれるまま、次期アメリカ大統領に「公約（ＴＰＰ破棄）を破ってくれ」と内閣総理大臣に懇願させる有り様です。いわば、自ら民主主義を否定しているようなものです。

日本はすでに民主主義を捨てた三流国で、今回の選挙でアメリカも民主主義を捨てることになるでしょう。〝世界の超大国〟から退き、〝世界の警察〟からも退き、普遍の正義と理念を標榜して未来の設計図を描くことを放棄して、アメリカだけの欲望に従って国家を運営することを決めた。「未来の社会のために人種差別を撤廃しよう」ではなく「今のアメリカ国民の生活を守るために人種差別しよう」と180度方向転換したわけです。

しかし、このような偏狭な利益を優先させる利己主義が、世界で認められるはずがありません。一時的にアメリカ国民の生活が守られた気がするかもしれませんが、世界におけるアメリカの発言権は確実に弱くなります。なぜなら、利己主義に走ることが許されるのは途上国までだからです。その意味で、アメリカは民主主義だけでなく先進国の立場も捨てたのです。

トランプ氏の提唱する「不介入主義」にしても、その内実は台頭するロシアやイスラムに屈し、自分の殻にこもることを選択しただけ。トランプ氏を支持した大多数の人々が人種差別主義に走って、排他的になれば、世界の競争で勝ち抜くことができるはずがありません。また、トランプ氏は選挙期間中にはウォール・ストリートを攻撃す。

しましたが、勝利後はエクソンモービル、ゴールドマン・サックスというウォール・ストリートの代表を次々と長官にしています。アメリカはますます格差社会になります。

逆に、イスラム社会はアメリカとはまた異なる、彼らの〝正義〟があります。彼らは、あくまでその〝正義〟を広め、未来の世界地図を描くことを行動理念としています。つまり、彼らなりの利己主義とは相反する「利他」によって動いているわけで、今後、国際舞台で発言権を強めていくことは間違いありません。

未来に向けた正義と理念を掲げた国が、リーダーシップを握る。これは身近な話題で考えてみるとわかりやすいでしょう。例えば、日本は、電車で母親が授乳してもなんの問題もない文化でした。しかし、アメリカが世界のリーダーとしてキリスト教的な価値観を広めたがゆえに、本来キリスト教圏ではない日本においてさえ女性が胸をはだけることは授乳でもいけないことという文化が根付いているのです。しかし、そのアメリカは自分の殻に閉じこもることを決めてしまった。

となれば、代わりにリーダーを引き受けようという国が必ず現れます。その一番手がイスラムであり、急激な成長が見込まれるロシアです。もしかすると、2050年にはイスラムの戒律が世界のスタンダードになっている可能性も少なくありません。

その場合、ロシアに並んで、これまでのアメリカのポジションにいる可能性があるのがイランです。イランは世界史を紐解けばわかることですが、もともとペルシアという非常に優秀な国です。アメリカがサイバー攻撃によって真っ先に潰そうとしたのも、その潜在能力を恐れてのこと。しかし、アメリカが世界の警察を降りてしまえば、その箍《たが》が外れることになります。

このように考察していくと、今回のトランプ政権誕生は「アメリカが劇的に変わる！」どころではなく、世界情勢が一変する大事件だと位置づけられます。では、具体的にどう変わっていくのか？　アメリカの凋落とイスラムの台頭については指摘しましたが、それ以外のロシア、ＥＵ、中国について検証していきましょう。

超大国への道を突き進むロシアとＥＵの思惑

ウクライナでの紛争やそれに伴う経済制裁などで、昨今ネガティブなイメージのあるロシアですが、裏を返せばそれだけアメリカにとって脅威になりつつあるということです。

世界最大の国土と資源というポテンシャルを持つロシアですが、そのＧＤＰの規模は日本の4分の1程度で韓国と同程度しかありません。しかし、韓国が外資を受け入れることで背伸びをして破綻寸前である状態に対し、ロシアはまだポテンシャルを生かしきれていない状態。近いうちに日本の高度経済成長期に匹敵する年率20%、30%の経済成長フェーズに入ることが予測されます。

ただ、そこに至るには経済制裁が解除されることが大前提となります。そして、私はトランプ政権により、確実に解除されると読んでいます。というのも、ロシアへの経済制裁はアメリカ主導ですが、その意向に従ったEUには、実は一刻も早く経済制裁を解除したい思惑があるからです。

ロシアへの経済制裁は、EU経済に非常に大きな打撃を与えています。イタリアやスペインは多くの農産物をロシアへ輸出しており、ドイツはエネルギー資源をロシアから輸入していました。フランスはその両方です。つまり、EU経済の基盤には、対ロシア貿易が欠かせないのです。しかし、オバマ政権の対ロシア強硬策との板挟みになり、さらには〝アメリカの兄〟を標榜するイギリスも同調したことで、これまで渋々経済制裁に付き合っている状態でした。ところが、イギリスがEU離脱を選択し、トランプ政権が誕生し、EUにはもはやロシアを制裁する理由が消滅したのです。

今後、ロシアとの貿易が再開されれば、ロシアはもちろんEUも成長することが見込まれます。その一方でアメリカは貿易立国は選ばず、金融資本主義の道を突っ走りますが、イギリスも同様かというとそうではありません。

イギリスは〝アメリカの兄〟といいながら、実際はウォール・ストリートの植民地的な存在になり果てていました。しかし、今回のEU離脱と今後起こりうるロシアへの経済制裁の解除が、大きなターニングポイントとなると考えられます。まず、EU離脱の選択とともにいち早く仕掛けたのが、イングランド銀行による仮想通貨の発行宣言。この仮想通貨「デジタルポンド」には、金利がついていることが特徴です。

金融資本の歴史を振り返ると、まず通貨発行権を掌握したイギリスの銀行家が中心となり、その後、デリバティブ数学を駆使したアメリカの投資銀行が台頭したことで、相対的にイギリスの立場が弱くなっていった。これが、大まかな流れです。ですから、ウォール・ストリートの後塵を拝するシティ・オブ・ロンドンとしては、自身のストロングポイントである通貨発行権にデリバティブ数学を取り入れるチャンスを伺っていました。その起死回生の策が、今回の「金利つきデジタルポンド」というわけです。

そして、EUを離脱するイギリスはロシアへの経済制裁を続ける理由もありません。莫大なポテンシャルを持つロシアにデジタルポンドを一挙に投資すれば、金融資本家の勢力図が塗り替えられる可能性があります。中国躍進の陰には、イギリスによる投資がありましたが、停滞期に入った中国に見切りをつけ、今後イギリスはロシアと急接近していくはずです。このようにヨーロッパの勢力図は、イギリス、EU、ロシアの三つ巴となり、そこに宗派の違いでお互いの仲はよくありませんが、イランとサウジアラビアを中心としたイスラム圏、金融以外のすべてで凋落の途を歩むアメリカが横一線で並ぶというのが、近未来の世界情勢の大枠だと考えられます。

縦割り返還で北方領土は返還される

このようにアメリカの影響力が弱まり、ロシアが台頭すれば、日本とロシアの関係にも転機が訪れます。その象徴的なテーマが「北方領土」でしょう。よく「2島返還」という譲歩案が浮上しますが、これは問題の本質を理解していない議論です。

もともと北方領土問題とは日本への領土返還だけでなく、安全保障上の問題です。つまり、アメリカ・ロシアの二国間における戦略原潜による支配海域の線引きの問題が根底にあります。その観点からすると、ロシアにとって譲れない一方で、アメリカにとっても北方領土返還は受け入れにくい案なのです。一体なぜ、アメリカに拒む理由があるのか？　そこにはふたつの要素があります。

ひとつは、北方領土返還によって日本とロシアが接近するリスクです。前述した通り、ロシアは世界でもっとも経済成長のポテンシャルを秘めた国家です。つまり、日本にとっては格好の投資対象となり、ロシア経済と日本経済が結びつき、相乗効果で好転すれば、アメリカの存在感は極端に薄まってしまいます。

もうひとつは、ロシアが北方領土を占有していることが、アメリカ軍太平洋艦隊の存在意義になっていること。冷戦時代からアメリカ軍は対ソ連、対ロシアを仮想敵国として太平洋艦隊に軍事費を投入してきました。しかし、北方領土が返還されてしまえば、その存在意義が薄れてしまいます。この事態がアメリカにとってなぜ都合が悪いかというと、現在の太平洋艦隊の仮想敵国はイスラムだからです。対イスラムを睨めば太平洋艦隊を手薄にすることはできない。かといって北方領土が返還されれば表向きの存在意義を失ってしまう。つまり、対イスラムの建前として「北方領土を占有するロシアへのけん制」という状況を維持しておきたいのがアメリカの思惑なのです。

ロシア側とすれば、北方領土を返還すれば日米安保により、アメリカの原潜がロシア領近くまで入ってきます。これはそう簡単に認めるわけにはいきません。

しかし、今回のトランプ政権が対ロシア政策を変えれば、北方領土という建前は役目を終えるかもしれません。ですが、やはり「全島返還」とまではいかないでしょう。

そこで私が考えるのが「縦割り返還」です。

2島返還ではなく、4島を縦割りにして半分ずつ分け合うことで、日本とロシアの支配海域は互いに担保されることになります。これならば安全保障上の要件もクリアされ、日本とロシアの外交も一気に扉が開く可能性があります。

ただし、ここでもっとも危険なのは「北方領土が返還されなければ交渉のテーブルにつかない」といった頑迷な主張です。まず北方領土返還ありきではなく、友好関係を築くなかで返還交渉をよい形に導いていくのが先決です。もし北方領土にこだわり続けた結果、ロシアの経済成長の恩恵にあずかれなければ、日本はさらに世界の中で後進国化していきます。そのリスクの方が、領土問題よりもはるかに重大であることは間違いありません。

中国は覇権国ではない——東南アジアを巡る中国側の理論

トランプ政権になりロシアとイランが超大国化すると述べてきましたが、世間的にもっとも注目されているのは中国でしょう。近未来の国際情勢を考えた場合、「中国とアメリカが二大勢力になる」というのが大方の論調です。しかし、そこには大きな誤解が潜んでいます。そこで、中国の未来を語る前段階として、東南アジアにおける中国の覇権主義について説明しておく必要があります。

東シナ海、南シナ海での中国の覇権主義的な動きは、たびたび国際関係を緊張させています。特に隣国である日本では「中国は第三次世界大戦を起こそうとしているのでは？」といった不安すら渦巻いています。しかし、翻って中国の立場になると、彼らの行動原理が容易に理解できます。

中国は北と西をロシアや旧ソ連の国々、南をインドに囲まれています。ロシアは中国にとって最大の友好国であり、旧ソ連の衛星国もそれに準ずる存在です。つまり、ロシアやカザフスタンとの国境をめぐる不安はない。一方、インドとは長期間にわたって小競り合いを続けていますが、現在は比較的安定期に入っています。となると、中国の不安は東側、太平洋沿岸に限定されるわけです。

さらに、この太平洋沿岸部は、中国の生命線でもあります。というのも、上海や北京、天津など中国経済の中核を担う都市は、すべてこの沿岸部に集中しているからです。いわば「中国の窓口」であり、沿岸部の保全は国家の死活問題なのです。もちろん、侵略は許されませんが、ある程度軍事力を行使して優位性を保とうとするのは当然といえば当然の行動です。

そして、この行動原理を理解していれば、軍事力によるけん制はしても、領土・領海問題から戦争への突入を本気で望んでいるとは考えられません。なぜなら、非常にリスクが大きく、かつ効率が悪いからです。

経済的な覇権を目指すのであれば、軍事行動よりも賄賂の方が数倍有効です。インドネシアの鉄道建設をめぐり日本と中国が争った一件では、中国が初となる高速鉄道の輸出プロジェクトを獲得しました。当時、中国の賄賂攻勢は凄まじく、日本の担当者はインドネシアの関係者に「中国は俺の家を新築してくれたのに、日本は何もしてくれない」と突っぱねられたそうです。このようにインドネシアやフィリピン、マレーシアなど東南アジアの途上国を経済的に支配したいのなら、賄賂でこと足りるのです。逆に、軍事的に圧力をかければ、金銭欲とは次元の異なるナショナリズムや宗教心に火を点けてしまい、事態は厄介になるばかり。つまり、中国にとって軍事的な覇権主義はメリットがないのです。

このように好戦的な覇権国家と認識されている中国は、単純に太平洋沿岸部の自らの保全のためというのが論理であり、戦争を起こしたいからではありません。むしろ、中国の覇権主義を喧伝している人々は、中国が民主化して経済発展を遂げることを防ぎたい既得権益層、もしくは冷静さを欠いた国粋主義者に過ぎません。もし、中国が本当に危険だとすると、警戒すべきはその経済活動です。現在、日本の水源地は日本企業の皮をかぶった中国人オーナー企業に続々と買い占められています。土地を買われてしまえば、国土を掌握されたも同義ですから、ますます戦争を起こすメリットがなくなります。その意味で、中国のデモンストレーション的な軍事行動は、水面下の経済支配の隠れ蓑といった側面もあるのです。

分裂する中国――「上海国」の誕生

このように中国は多くの人がいうような単純な覇権主義国ではなく、その戦略は賄賂攻勢などを含む経済活動にあります。しかし、その道も順風満帆とはいきません。なぜなら、すでに中国内部では国家と国民の乖離が限界に達しているからです。

中国の経済成長には、大きく2つの要因がありました。それは共産主義であったことと、国土・資源・人口といったポテンシャルがあったことです。なぜ共産主義が有利であったのか？　それは共産主義においては、ドラスティックに未来への投資ができるからです。〝国家百年の計〟に基づき、トップダウンで戦略的に政治を執り行うことができます。中国では１９５３年から開始された五か年計画が第13次まで進み、すでに半世紀以上が経過しています。最近では2016年11月に、北京と近隣都市を結ぶ4兆円規模の鉄道整備計画が承認されました。これが民主主義であれば、「4兆円も鉄道に投資する暇があったら、こっちによこせ!」という声が各所から噴出し、計画はとん挫していたことでしょう。

つまり、共産主義の計画経済においては、民主主義では実現不可能なほど大規模な事業を迅速に進めることができる。ある意味、「未来の国民のため」の政治が行われる側面があるのです。

しかし反面、一党独裁による政治の私物化も民主主義以上に激しくなるという両極端な性格を持っています。2012年から続く習政権による反腐敗キャンペーンはまさにこれからの脱却を模索する中国の姿を表わしています。富坂聰氏が教授を務める拓殖大学海外事情研究所によれば、この反腐敗キャンペーンで、中国では1日あたり500人の官吏が逮捕されているそうです。ですから、都市部も地方も平等に貧しいうちは計画経済は歓迎されますが、経済成長を遂げ、貧富の差が明確になるに従って、共産党政権への不満が高まっていくのが必然的な流れとなります。それが共産主義の限界であり、現在の中国はかつてのソ連のように限界点に達しつつあります。都市と地方の格差は極限まで進行し、デモや暴動が日常化しています。

さらにいえば、政権内部においても乖離が進んでいます。現在の中国のトップは、ハーバード大学やイェール大学で日本のトップ以上に民主主義・資本主義を学んだエリートたちです。しかし、その一方で毛沢東や鄧小平時代の古い政治の論理も生き残っている。両者の政治思想はまったく異なるもので、今は新時代のエリートが老人の死を待っている状態です。

実際、習近平体制となった2012年以後、1日500人というペースで、反腐敗キャンペーンで古い政治家たちが消えていっているという事実はこの変化を表しています。これから中国政府は40代、50代のスーパーエリートが率いていくでしょう。もちろんハーバードレベルのトップスクール留学経験者たちです。

彼らは外資と急速に金融資本主義を導入していき、ますます格差社会となっていくのです。

そして、そうなれば中国は単一国家の体裁を保てなくなる可能性が高い。なぜなら、これまでさまざまな矛盾や格差に蓋をしてきた共産主義という巨大な箍が外れる、言い換えれば、共産主義という独裁政権のもとで限界点に達していた不満や不平を抑圧する術がなくなるからです。これは、1991年のソ連崩壊後の歴史を踏まえれば明らかです。

しかし、ソ連崩壊後のように国家が分裂するかといえば、異なる道をたどるでしょう。おそらくアメリカのような合衆国制に移行するか、EUのように国家共同体という形をとるか。経済の中心である太平洋沿岸部は、ちょうどアメリカのニューヨーク州やカリフォルニア州のような位置づけとなり、2章で触れたように「上海国」「北京国」として独立する可能性もあります。そして、日本が「今の国民」の利益しか考えない政治もどきを続け、三流国に没するようであれば、金融資本家が支配する「上海国」の属州に等しい立場になっているかもしれません。

「脱日本」こそ、2050年を生きるカギ

では、このように激変する世界情勢にあって、私たちはどのような心構えで生きていけばよいのでしょう？　日本が一流国になるのを期待する？　もちろん「未来の日本のため」に動ける人物を見極めることは大切です。しかし、それ以上に国民一人一人が国家から独立した思考を持つことが重要となります。

例えば、2章でも指摘したモナコ公国の国民は、国家に一切期待していません。その代わり、モナコ公国民であること自体が、ある種の特権であり、その特権を利用し

てグローバル経済の中で立ち回ろうというのが彼らの思考です。いわば「モナコのパスポートを持ったヨーロッパ人」とでもいうべきアイデンティティを確立しているのです。

同様に、日本人も「日本のパスポートを持ったアジア人、もしくは世界人」という意識を持たねばなりません。TPPいかんにかかわらず、2050年は労働者が自由に国境を渡る世界になっています。巨大外資系企業が世界中に進出し、日本で働いていても上司はほとんど外国人ということも珍しくないでしょう。そんな環境の中で、かつての形の日本人のアイデンティティにこだわり続ければ、世界は閉ざされ、ますます三流国の三流国民になり果ててしまいます。

今後のトランプ政権下のアメリカが、まさにその状況となるでしょう。しかし、英語しか話せず、排他的で偏狭な人間と誰がビジネスをしたがるでしょうか？　差別主義で白人以外は居心地の悪い国に、誰が観光に訪れるでしょうか？　観光の選択肢は世界に無数にあり、ビジネスの選択肢もEU、ロシア、イスラムなどが台頭することは確実です。トランプ氏という「アメリカン・ドリーム」の体現者を選ぶ一方で、これまで掲げてきた理念や正義、そして未来を捨てたアメリカは、グローバル社会の中で取り残され、北部のブルーステートが南部のレッドステートから独立する第二の独立戦争が起こる可能性すらあります。

幸い、日本は三流国でも「日本人」という看板は一流です。2000年以上の歴史を持ち、調和と勤勉の精神を持った世界に類を見ない民族として、その価値を認められています。ですから、わざわざ政治もどきが横行する三流国の日本にアイデンティティーを求める必要はないのです。その代わりに、一人一人が「日本国民」ではなく「日本人であり世界人」という意識を持つこと。本書でも再三指摘しましたが、つまり、2050年の未来においては国籍は便利なパスポートほどの価値しか持ちません。「日本国民」として外資系企業の非正規労働者として働くのか、それとも「日本人であり世界人」として、例えば上海国の上場企業で活躍するのか？　こうした選択が、これからの日本人には現実のものとして突きつけられていくことでしょう。

その意味で、トランプ政権の誕生は日本が脱アメリカ型金融資本主義を果たす転機となる以上に、2050年の未来を見据えた日本人が「脱日本」を進めていく転機であると、私は考えています。

苫米地　英人（とまべち　ひでと）

認知科学者(計算言語学・認知心理学・機能脳科学・離散数理科学・分析哲学)。

カーネギーメロン大学博士(Ph.D.)、同CyLabフェロー、ジョージメイソン大学C4I&サイバー研究所研究教授、早稲田大学研究院客員教授、公益社団法人日本ジャーナリスト協会代表理事、コグニティブリサーチラボ株式会社CEO会長兼基礎研究所長、マサチューセッツ大学を経て上智大学外国語学部英語学科卒業後、三菱地所へ入社、財務担当者としてロックフェラーセンター買収等を経験、三菱地所在籍のままフルブライト全額給付特待生としてイエール大学大学院計算機科学博士課程に留学、人工知能の父と呼ばれるロジャー・シャンクに学ぶ。

同認知科学研究所、同人工知能研究所を経て、コンピュータ科学と人工知能の世界最高峰カーネギーメロン大学大学院博士課程に転入。計算機科学部機械翻訳研究所(現Language Technology Institute)等に在籍し、人工知能、自然言語処理、ニューラルネットワーク等を研究、全米で4人目、日本人として初の計算言語学の博士号を取得。帰国後、徳島大学助教授、ジャストシステム基礎研究所所長、同ピッツバーグ研究所取締役、通商産業省情報処理振興審議会専門委員などを歴任。

また、晩年のルータイスの右腕として活動、ルータイスの指示により米国認知科学の研究成果を盛り込んだ最新の能力開発プログラム「TPIE」、「PX2」、「TICE」コーチングなどの開発を担当。その後、全世界での普及にルータイスと共に活動。現在もルータイスの遺言によりコーチング普及後継者として全世界で活動中。苫米地式コーチング代表、
サヴォイア王家諸騎士団日本代表、聖マウリツィオ・ラザロ騎士団大十字騎士。

近年では、サヴォイア王家によるジュニアナイト養成コーチングプログラムも開発。日本でも完全無償のボランティアプログラムとしてPX2と並行して普及活動中。

装丁　井上新八

2050年《ねん》 衝撃《しょうげき》の未来《みらい》予想《よそう》

2017年 2月28日　初　版　第１刷発行
2021年12月10日　初　版　第５刷発行

著　　者　苫米地英人
発 行 者　多田敏男
発 行 所　TAC株式会社　出版事業部
（TAC出版）

〒101-8383 東京都千代田区神田三崎町3-2-18
電 話 03（5276）9492（営業）
FAX 03（5276）9674
https://shuppan.tac-school.co.jp/

組　　版　株式会社エストール
印　　刷　株式会社ミレアプランニング
製　　本　株式会社常川製本

ISBN 978-4-8132-7111-6
N.D.C.302